JN440367

16세기 제주유배인 충암 김정의
우도가
牛島歌
현행복 엮음
각

초판 인쇄 2010년 10월 18일
초판 발행 2010년 10월 21일

편역자 현행복

펴낸이 박경훈
펴낸곳 도서출판 각

도서출판 각
주소 제주도 제주시 건입동 89
전화 064-725-4410
팩스 064-759-4410
홈페이지 www.gakbook.co.kr
등록번호 제80호
등록일 1999년 2월 13일

ISBN 978-89-6208-042-1 93090

값 18,000원

16세기 제주 유배인 충암 김정의 우도가

현행복 편역

각

《일러두기》

1. 이 책은 크게 세 부분으로 나눠 제1편 김정의 「우도가」, 제2편 우도관련문헌기록 해제, 제3편 충암과 동굴 관련 답사기, 〈부록〉 (1) 김정의 「제주풍토록」, (2) 김정의 「도근천수정사중수권문」의 순으로 구성했다. 제1편과 〈부록〉에 실린 김정의 작품들은 필자가 번역해 주해를 달았고, 제2편에 실린 글들은 대개 기존 번역서가 있는 경우 그것을 인용해 출처를 밝혔으며, 번역되지 않은 내용의 글들은 대부분 편역자가 풀이했다.

2. 김정의 「우도가」, 「제주풍토록」, 「도근천수정사중수권문」의 원문은 현재 서울대학교 규장각 소장본인 목판본 『충암선생집』을 저본으로 삼아 번역했다. 특히 「도근천수정사중수권문」의 경우 특별히 각주를 세세하게 달아 풀이했으며, 『濟州史資料叢書(Ⅰ)』(濟州道, 1998) 고창석 교수의 해제를 참고했다.

3. 인명, 지명을 비롯하여 필요하다고 판단한 한자(漢字)는 ( ) 안에 넣었으며, 원문 인용의 경우 대개 기존 번역서는 번역문을 먼저, 편역자가 번역한 글의 경우 원문을 먼저 실어 차별화를 시도했다.

4. 참고문헌의 소개는 주로 제1편 김정의 「우도가」를 중심으로 소개했으며, 제2편 우도관련문헌기록해제의 경우 '문헌기록목록' 으로 대체할 수 있기에 생략했다.

5. '김정의 「우도가」' 와 '우도관련문헌기록해제' 의 글은 『우도지(牛島誌)』(2007)에 소개한 바 있지만, 그 후 그 내용을 약간 수정 · 보완했다. 〈부록〉에 실린 김정의 글들은 제주향토사료로 중요한 가치를 지니면서 아울러 본래 우도에 관한 이야기를 작자인 김정에게 들려주어 이 시를 짓는 데에 도움을 준 방생(方生)에 관한 정보도 들어 있기에 여기에 〈부록〉으로 포함시켰다.

6. 이 책의 번역상 나타날 수 있는 오류는 순전히 역자의 몫으로 상호 제현의 질정을 고대한다.

(1) 김정의 화첩 중 유일하게 현전하는 작품 - 산초백두도(山椒白頭圖)

(사진제공: 국립제주박물관)

(2) 김정의 친필 서찰

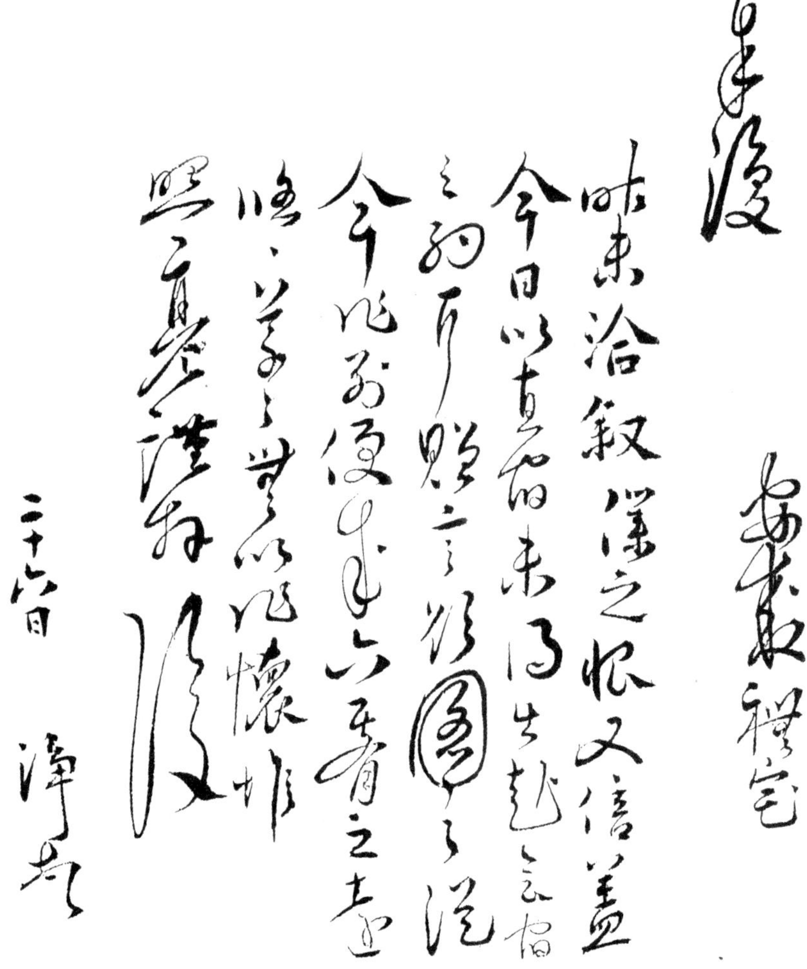

구례(求禮) 현감을 지낸 안(安)씨 댁에 '금일(今日) 숙직인 관계로 당초 회포를 풀자던 모임에 부득이 참석치 못함을 양해 바란다' 는 요지의 서찰(자료인용 – 『冲庵集』)

(3) 김정의 묘소(대전)와 오현단 내의 유허비(제주)

가. 충암선생의 묘소(사진 - 필자촬영)

선생의 묘소는 본래 대전광역시 동구 내탑동(內塔洞)에 있었는데 대청호 건설로 수몰되자 1979년 9월 25일 현 위치로 이장했다. 묘소에는 전면대자(全面大字)만 있는 표석과 늑천 송명흠(櫟泉 宋明欽)이 비문을 짓고 금곡 송내희(錦谷 宋來熙)가 추가한 비문을 고동 이익회(古東 李翊會)가 글씨를 써서 세운 비가 있다. 또 묘소 좌측에는 백비(白碑)가 있다. 뒤쪽으로 보이는 기와집 형태의 건물은 부인 은진송씨(恩津宋氏)의 정려각이다.

나. 충암김선생적려유허비(사진 - 필자촬영)

제주시 오현단 경내에는 충암김선생적려유허비가 두 종류 있는데, 오래된 것은 비석 하단이 잘려 있고, 새로운 것은 1979년 9월 26일 제주도가 세운 것이다.

책머리에

'글을 쓴다' 는 일은 퍽 어려운 일이다. 더구나 이런 글들을 한데 엮어 한 권의 책으로 만들어 냄은 더욱 그러하다. 하지만 이에 대한 대가는 실로 큰 것임을 잘 안다. 솔직히 음악을 전공한 이로서 인문학과 관련된 글을 쓴다는 게 쉬운 일은 아니다. 어쩌면 두려울 법한 일이긴 해도 한편 달리 생각해보면 여간 즐거운 일이 아닐 수 없다. 그동안 필자는 최근 몇 년 사이에 『방선문(訪仙門)』(2004), 『취병담(翠屛潭)』(2006), 『탐라직방설(耽羅職方說)』(2008)에 이어 올해 또 『우도가(牛島歌)』를 출간하는 행운을 얻게 되었다.

누군가 내게 "어째서 이런 책을 내게 되었는가?" 라고 물어올 때가 간혹 있다. 그럴 때면 멈칫하면서도 궁색하게 내놓는 답변이 있다.

"두 가지 이유가 있어서이지요. 하나는 제 스스로의 공부를 위함이고, 다른 하나는 감사한 마음의 발로입니다."

필자가 최근 벌여왔던 야외 기획공연 가운데 동굴음악회를 비롯해서 용연선상음악회, 방선문계곡음악회, 절부암음악회 등이 있다. 이런 음악회를 준비할 때면 매번 그 기획단계에서부터 고민하는 부분이 있다. 어떻게 하면 관객들에게 좀 더 감동적인 무대가 되도록 프로그램을 구성할 것인가에 대한 나름대로의 성찰이다. 이에 대한 해결책 가운데 큰 가닥은 다름 아닌 '신비성 · 역사성 · 예술성의 조화', 즉 감동의 어울림에 목표를 두는 일이다. '신비성'은 본래 자연이 지닌 고유한 특성을 잘 살려 강조하면 되는 일이고, '예술성'은 여기에 적합한 주제의 설정과 이에 따른 예술장르를 접목하여 적임자인 예술가를 섭외한다면 어느 정도 가능한 일이긴 하다. 그렇지만 '역사성'에 대한 고찰은 오로지 공부를 통해서만 달성되는 일임을 실감하곤 한다. 즉, 공간의 예술화, 혹은 제주자연의 브랜드화를 위해 이에 선행적으로 수반되는 요인이 다름 아닌 역사적 배경에 대한 고찰이다.

그러면서 이런 기획공연이 마련될 때마다 그런 기회를 준 주위의 여러 분들에게 늘 감사하는 마음을 잊지 않으려고 노력해왔다. 따라서 이 책이, 그동안 필자가 다양한 여러 형태의 야외 기획공연 활동을 벌일 때마다 물심양면으로 도움을 준 이웃들에 대한 감사의 표시로, 혹은 약간의 보답하는 마음의 발로에서 비롯한 것임을 알아준다면 퍽 다행스런 일이 아닐 수 없다. 비록 이 책의 내용이 직접적으로 우도의 동굴음악회와는 그 관련성이 적다손 치더라도 우도 자연환경의 위대함을 칭송하는 마음은 곧 이 음악회의 존재가치를 더욱 높이는 일이 될 것이란 사실은 자명하다. 이는 결국 '신비한 자연공명의 감동 · 새로운 공간미학의 발굴' 이란, 동굴음악회가 본래 지향하는 목표와도 어느 정도 상통한다.

이 지면을 빌려 특별히 감사한 마음을 전하고 싶은 분들이 있다.

이제껏 동굴음악회를 벌여오면서 전 · 현직 도지사 중 유일하게 우도동굴을 직접 찾아와 축하와 격려를 해주셨던 우근민(禹瑾敏) 지사님. 또한 우도 동굴음악회가 열릴 때면 매번 뜨거운 호응으로 도움을 주시던 여찬현(呂贊炫) 면장님을 비롯한 우도면민 여러분들께도 정중한 감사의 말씀을 올린다. 특히 이 글을 쓰게끔 직접적인 동기부여를 해주신 김순두(金順斗) 전 KCTV 사장님의 각별한 관심과 독려에도 그 고마움을 표하지 않을 수 없다. 아울러 중국 사서 등의 자료를 어렵게 구해서 제공해주신 제주한라대학의 양만기(梁萬基) 교수님, 필자가 벌이는 행사철이 되면 매번 참여하여 힘을 실어주시던 가곡교실의 박영호(朴寧浩) 회장님을 비롯한 여러 회원들께도 고마운 마음을 전한다. 끝으로 이 책이 출간되도록 헌신적인 노력을 기울인 도서출판 '각' 의 박경훈 선생께도 특별히 감사드린다.

2010년 초가을,

거욱대로 둘러싸인 골왓마을에서

현 행 복

목차

제3편 충암과 동굴 관련 답사기

부록

제1편
김정(金淨)의 「우도가(牛島歌)」

1. 시작하는 글
‘충암 김정 선생의 「우도가」 대한 관심’

독일의 세계적인 작곡가 멘델스존(Mendelssohn-Bartoldy, 1809~1847)은, 그의 나이 20세 때인 1829년 8월에 스코틀랜드 북서부의 조그만 섬 ‘스태파 섬’에 위치한 바다동굴을 여행하고 난 뒤 그 감회를 서곡 ‘핑갈의 동굴(Fingal's Cave)’이라는 작품으로 남겼다. 이 곡의 원 제명은 ‘헤브리디스 서곡(Hebrides Overture)’인데 세상 사람들에게 ‘핑갈의 동굴’로 더욱 유명하게 된 것은 본래 이 동굴에 전해지는 전설 때문이었다. 즉, 3세기 때 배를 타고 이곳에 침입한 이방인들을 물리쳤다는 스코틀랜드의 전설적 거인의 이름인 핑갈(Fingal)을 따서 이 동굴의 이름을 붙인 데서 유래한다. 동굴 안으로 파도가 밀려들 때면 바닷물이 한데 어우러져 율동적으로 춤을 추며 노래하는 것처럼 들리는데 그래서 사람들은 이 동굴을 ‘음악의 동굴’이라고 부르기도 한다.

제주의 가장 동쪽 끝 섬 우도에도 여러 개의 바다동굴들이 있다. 이 가운데 특히 낮에도 훤한 보름달이 뜬다는 의미를 지닌 ‘주간명월(晝間明月)’과 고래가 살았다는 전설이 있어 속칭 고래콧구멍으로 불리는 ‘동안경굴(東岸鯨窟)’이 유명하다.

16세기 초엽 제주로 유배되어 왔던 충암(冲庵) 김정(金淨,

1486~1521) 선생은 이곳에 머무는 동안 「우도가(牛島歌)」라는 시를 남겼다. 칠언(七言) 33구(총 231자)로 이뤄진 이 한시(漢詩)는 바로 우도의 아름다운 바다동굴을 환상적으로 노래하고 있다. 비록 작자 자신은 당시 위리안치(圍籬安置)된 유배인의 처지에서 직접 우도 동굴을 찾아갈 형편은 못 되었지만 방생(方生)이라는 이가 전해주는 이야기를 듣고 그 현장을 상상하며 이 한 편의 시를 남겼다.

필자가 지난 1997년 9월 이곳 우도의 바다동굴에서 국내에서는 처음으로 '동굴음악회' 를 개최할 수 있었던 배경으로 이 「우도가」란 작품 중 한 시구에서 시사 받은 바가 작용했다. 즉, 그 시구란 바로 '태음의 기운이 서린 굴에 현묘한 이치가 머무네(太陰之窟玄機停)' 란 표현이다. 이 한 구절이 당시 음악회를 준비하는 필자에게는 큰 용기를 심어준 셈이 되었다.(* 이에 대한 느낌은 당시 음악회 팸플릿에도 소개된 바 있다.) 그러고 나서 강원도의 석회암동굴과 제주의 대표적 용암동굴인 만장굴에서 각각 두 차례씩 동굴음악회를 개최했고, 2002년부터는 동굴음악회의 장소를 아예 이곳 우도의 바다동굴로 고정하여 지금까지 해마다 가을철에 열고 있다. 동굴음악회가 열릴 때면 먼저 프로그램 구성 등의 기획단계에서부터 늘 떠올리는 목표가 바로 여기에 초점이 모아진다. 즉, 어떻게 하면 사람들에게 '현묘한 이치가 머무는 동굴' 의 음악회를 선보이게 할 수 있을 것인가라는 관심의 집적이다.

이런 형편에서 김정의 「우도가」에 관심을 기울이게 됨은 어쩌면 당연한 귀결인지도 모른다. 그런데 이 시가 비록 아름다운 우도의 바다동굴을 노래하고 있긴 하지만 이를 제대로 이해할 만큼의 상세한 주석이 달린 글이 아직껏 없다. 결국 이 시를 명쾌하게 이해하기 위해서는 많은 노력과 인내가 수반되어야 함을 깨달았다. 왜냐하면 이 시가 보통의 한시(漢詩)의 작품들과는 달리 시어로 선택된 말들이 생소하고 어려운 낱말들이 많이 보일 뿐만 아니라 시상의 전개 또한 중국의 대표적 신화집인 『산해경(山海經)』이나 굴원(屈原)의 『초사(楚辭)』 등의 고사를 모르고서는 도저히 이해할 수 없는 내용들이 펼쳐지기 때문이다.

우도동굴음악회의 한 모습(2002. 8. 24.)

언젠가 불현듯 이런 생각이 떠올랐다.

"우도의 동굴을 노래한 김정의 「우도가」를 모르고서 어떻게 우도의 동굴에서 음악회를 연다고 말할 수 있단 말인가?"

결국 이 시 한 편의 해석을 두고 필자는 동굴음악회를 열어왔던 지난 십여 년 동안 지속적인 관심을 쏟아왔다. 일천한 학문과 과문한 탓에 혹시 심오한 작자의 진의를 왜곡시키지나 않을까 하는 일말의 두려움도 없지 않았다. 하지만 본래 이 시의 전반적 흐름이 우도동굴의 환상적인 분위기를 자아내게 하는 만큼 어쩌면 예술가적 시각의 접근도 일견 일조 될 수 있으리라는 기대감이 얼마간 용기로 작용했다.

결국 이 글은, 필자에게 동굴음악회를 열 때마다 늘 하나의 정신적 지주가 되어준 그 감사함에 보답하는 마음으로 씌어졌다.

지금으로부터 약 오백 년 전에 충암 선생이 남긴 「우도가」는 우도동굴의 신비로움을 환상적으로 노래한 한 편의 장대한 판타지이다. 고대 동양의 신비로운 신화의 세계로 침잠하게 만드는 시상의 스펙터클한 정경이야말로 이 시만이 갖는 매력이자 특징이기도 하다. 한편 동굴의 감흥을 멋지게 묘사함은 서구의 저 먼 나라 작곡가인 멘델스존의 '핑갈의 동굴' 이란 작품 속에 시도된 관현악의 현란한 색채감을 통해서도 느낄 수 있긴 하다. 그렇지만 '우도의 동굴' 을 노래한 김정의 「우도가」에는 이것 외에는 도저히 맛볼 수 없는 독특한 개성과 경이로움이 있다. 무수한 세월이 흐른 뒤에도 그 신비로움은 퇴색되지 않은 채 동굴의 현묘한 이치를 늘 우리의 곁에 전하고 있다.

우도동굴에서 바라본 일출(사진 - 필자촬영)

이 시의 배경인 우도는 제주에서 가장 먼저 해가 비치는 제주의 부상(扶桑)이요, 문화의 섬으로 부상(浮上)하는 곳이다. 그 서광을 받아 부디 우도 동굴이여, 영원하라!

2. 김정(金淨)의 「우도가(牛島歌)」 주해

충암 김정의 시를 「우도가(牛島歌)」라는 제명으로 처음 소개한 문헌은 김상헌(金尙憲)의 『남사록(南槎錄)』이다. 목판본 『충암선생집』에는 이 시의 제목이 '聞方生談牛島歌以寄興(문방생담우도가이기흥)' 이라 했다. 즉, '방생(方生)이 우도 이야기 하는 것을 듣고 노래로 흥을 붙이다' 란 의미이다. 그런데 이 시를 소개한 『남사록』의 기록에는 『충암선생집』과는 달리 24구째의 내용, 즉 '邪鱗頑甲毒風腥(사린완갑독풍성)' 의 1구가 생략된 채 총 7언 32구로 소개하고 있다. 이는, 이후 거의 모든 제주관련 향토 사료들에서 이 시를 소개할 때마다 나타나는 공통적인 현상이다. 아마도 이 시를 4절(四絶)의 칠언율시(七言律詩)의 형식을 띤 것으로 파악하려는 심사가 반영된 것이 아닌가 짐작된다. 본서에서는 『충암선생집(冲庵先生集)』에 실린 그대로의 형식을 따라 7언 33구, 총 231자로 이뤄진 형태의 시로 다뤄 소개한다.

한편 여기에서 '가(歌)' 란 명칭의 사용은 그것이 꼭 노래로 불려짐만을 의미한다고 하기보다는 차라리 '음미되어 읊어지는 노래' 의 의미로 쓰였다고 봄이 더 타당할 듯싶다. 여기에 음악적 리듬감을 선사하는 운율인 '평성(平聲) 「청(靑)」운(韻)' 이 주요 각

운으로 사용되면서 시종일관 작품의 흐름을 탄력적으로 유지시켜 나가고 있음을 보게 된다. 이 시에서 각운(脚韻)으로서 '평성(平聲) 「청(靑)」운(韻)' 이 쓰인 용례를 모아보면 다음과 같이 나타난다.

※ 평성(平聲) '靑(청)' 운: 2구-溟(명), 4구-霆(정), 6구-庭(정), 8구-扃(경), 10구-熒(형), 12구-星(성), 14구-櫺(령), 16구-冥(명), 18구-翎(령), 20구-靑(청), 21구-婷(정), 22구-竮(병), 23구-靈(령), 24구-腥(성), 25구-停(정), 27구-經(경), 28구-形(형), 29구-聽(청), 31구-醒(성), 33구-泠(령)

그런데 특이한 점은 이 시 21구에서 25구, 27구에서 29구까지는 연달아 '평성(平聲) 청운(靑韻)' 을 쓰고 있다는 것이다.

그러고 보면 혹시 이 시 20구 이후에 작자의 추가된 시어의 내용이 더 있었지 않았을까 하는 의구심도 들게 한다.

결국 지금으로부터 490년 전인 16세기 중반, 유배되어 제주에 왔던 충암(冲庵) 김정(金淨) 선생의 이 시는 한 편의 '우도의 바다동굴 판타지' 인 셈이다. 우도 섬의 탄생과 바다동굴을 중심으로 한 신화적 내용을 주요 소재로 해 총 231자의 7언 33구로 이뤄진 이 「우도가(牛島歌)」야말로 깊이 음미되고 전승되어야 할 우리의 소중한 문화유산인 셈이다. 실로 "한 편의 시가 한 권의 책을 능가한다고 함은 이를 두고 일컫는다." 고 하면 너무 지나친 표현이 되는 걸까?

【원문(原文)】

○ 聞方生談牛島歌以寄興 (문방생담우도가이기흥)

瀛洲東頭鰲抃傾 (영주동두오변경)

千年閟影涵重溟 (천년비영함중명)

群仙上訴攝五精 (군선상소섭오정)

屭贔一夜轟雷霆 (희비일야굉뇌정)

雲開霧廓忽湧出 (운개무곽홀용출)

瑞山新畫飛王庭 (서산신화비왕정)

溟濤崩洶噬山腹 (명도붕흉서산복)

谽谺洞天深雲扃 (함하동천심운경)

稜層鏤壁錦纈殷 (능층루벽금힐은)

扶桑日照光晶熒 (부상일조광정형)

繁珠凝露濺輕濕 (번주응로천경습)

壺中瑤碧躔列星 (호중요벽전열성)

瓊宮淵底不可見 (경궁연저불가견)

有時隱隱窺窓欞 (유시은은규창령)

軒轅奏樂馮夷舞 (헌원주악풍이무)

玉簫竅窱來青冥 (옥소교조래청명)

宛虹飮海垂長尾 (완홍음해수장미)

鸁鵬戱鶴飄翅翎 (추붕희학표시령)

曉珠明定塵區黑 (효주명정진구흑)

燭龍爛燁雙眼青 (촉룡난엽쌍안청)

驂虯踏鯶多娉婷 (참규답혼다병정)

天吳九首行竛竮 (천오구수행령병)

幽沈水府囚百靈 (유침수부수백령)

邪鱗頑甲毒風腥 (사린완갑독풍성)

太陰之窟玄機停 (태음지굴현기정)

仇池禹穴傳神蹟 (구지우혈전신적)

惜許絶境訛圖經 (석허절경와도경)

蘭橈拏入攫神形 (난요나입송신형)

鐵笛吹裂老恠聽 (철적취열노괴청)

水咽雲暝悄愁人 (수열운명초수인)

歸來怳兮夢未醒 (귀래황혜몽미성)

嗟我只道隔門限 (차아지도격문한)

安得列叟乘風泠 (안득열수승풍령)

* 出典: 金淨, 『冲庵先生集』(卷之三), 影印本(서울대학교 奎章閣藏本).

憎姑膩梳石恬頭顱御魑容山藪韜瑕示瑾瑜
煩公垂惠顧着意救傷枯此君蒼玉束巧匠剎
刀劉纖可當氈罽裁仍放轆轤瑧玗光色瑩珩
海纐紋鋪清露凝凝滴流塵近乍除黃奴凉一
味韓簟汗漫膚價豈崩珠暈功踰汗簡書休言
紅琥珀末羨錦氍毹孫耳清於洗莊塊翻又遷
夫人堪燕婉詩草晒籧篨戀到綈袍賜恩同酒
轆轤蹄来應效長篋裡莫情蹤禮請無餘物投
詞媿拙蕪

冲庵先生集卷之三　三十七

聞方生談牛島歌以寄興

瀛洲東頭鼇抃傾千年渤影涵重溟群仙上訴
攝五精屭贔一夜轟雷霆雲開霧廓忽湧出瑞
山新畫飛王庭瀇濤崩洶噬山腹谽谺 一作谺谺 洞
天深雲扃稜層鏤壁錦纈殿扶桑日照光晶熒
繁珠裂露濺輕瀣壼中瑤碧𧯴 一作森 列星瓊宮
㴩底不可見有時隱隱窺窗櫺軒轅奏樂馮夷
舞玉簫窈窱来青冥宛虹飲海垂長尾鯨鯢鵬戲
鵲飄翅翎曉珠明定塵函黑燭龍爛㸌雙眼青

驂虬蹈鮮多嫪婷天吳九首行跉跰幽沉水府
囚百靈邪鱗頗甲毒風腥太陰之窟玄機停仇
池禹穴傳神蹟惜許絕境訛圖經蘭橈挐入攪
神形鐵笛吹裂老惱聽水咽 一作沸 湧雲暝愴愁
人歸来恍兮夢未醒嗟我只道僑門恨安得列
叟乘風泠

冲庵先生集卷之三　三十八

題僧軸 僧名月照自京山渡海索詩去

杖錫秋風渡海洋黃柑白酒沃枯腸孤生殘命
誰相問此別還添兩鬢霜

文章當世定無前挾貴還羞不下賢盡九才名
知可鎮會須謝也并觀天 題上有申命仁詩此絕 [illegible]

題路傍松三首

枝條摧落葉蕤蕤斤斧餘身 一本作形 欲卧沙望斷
一作絕 棟樑人世用 一本作噫已矣 查牙堪作海仙槎
海風吹去 一本作過 悲聲遠山月高来瘦影疎賴有
直根泉下到雪霜標格未全除
欲 一本作爲 庇炎程 一本作天 暍 一本作渴 死民遠辭巖壑屈
長身介 一本作材 斧日尋高火煮知公 一本作功 如政亦

冲庵集　卷三

一六七

목판본 『충암선생집』에 실린 '우도가(牛島歌)'의 원문

【풀이(譯解)】

○ 방생(方生)이 우도 이야기 하는 것을 듣고 노래로 흥을 붙이다

영주산 동쪽머리, 산을 졌던 자라[鰲] 춤추면서 기울더니
천년 비궁(閟宮)의 모습, 깊은 바다에 잠겼어라.
뭇 신선들 상제(上帝)께 호소하여 오정(五精)을 끌어들이매
하룻밤 힘써 일을 내니, 우르릉 벼락 천둥소리 요란했네.
구름 개고 안개 걷히자 홀연히 솟아나니
상서로운 산, 새로 그려내어 급히 조정에 보고됐네.
성난 파도, 높이 솟구치며 산허리 잡아채고,
툭 트인 산골짝, 깊게 구름 빗장 걸렸어라.
깎아지른 절벽, 온통 비단무늬 아로새겨놓아
부상(扶桑)에 해 비치니 수정처럼 빛 반짝거리고,
흩어진 물방울 이슬 맺혀 물기 촉촉한데
호중(壺中) 별천지의 푸른 구슬, 별자리를 심어놓았네.
옥 궁전 수궁(水宮) 속, 물 깊어 볼 수 없고
때로 언뜻언뜻 그 창살만 어렴풋이 보인다네.

황제(黃帝) 헌원씨의 풍악에, 수신(水神) 풍이는 춤을 추고
그윽한 옥퉁소 소리, 먼 하늘에서 들려오네.
휘어진 무지개, 바닷물 마시느라 긴 꼬리 드리우고
거친 대붕새, 학을 희롱하며 날갯짓 퍼덕이네.
영롱한 샛별 밝게 빛나건만, 진세는 아직도 깜깜밤중
촉룡(燭龍)의 부릅뜬 두 눈, 푸른 기운 뻗쳤네.
용이 끄는 수레 타고 잉어 밟고 높이 하도나 아름답고
머리 아홉 달린 천오(天吳)귀신 어슬렁대며 가는구나.
물속 깊고 으늑한 궁전에 온갖 바다영령들 가둬놓아
고약한 물고기들, 딱딱한 조개들이 독한 비린내 풍겨내네.
태음(太陰)의 기운 서린 굴에 현묘한 이치 머물고,
구지산(仇池山), 우(禹) 임금의 무덤에선 신의 자취 전하는데
애석하게도 절경(絶境)이라 도경(圖經)엔 빠졌구나.
조각배 노 저어 들어가니 심신(心身)이 쭈뼛하고
날라리[太平簫] 요란히 불어대니 늙은 용이 듣는구나.
물은 오열하고 구름 짙어지며 사람을 근심 속에 빠뜨리니,
황홀하다, 돌아옴이여! 아직도 꿈속인 듯 몽롱하기만 하네.
아, 난 다만 문이 막혀 있어 나갈 수 없다고 말해야 하나!
어찌하면 열자(列子)처럼 맑은 바람 타고 맘껏 날아볼까.

【주석(註釋)】

- **方生**(방생) '방씨(方氏) 성을 가진 유생(儒生)' 이라는 의미로 불린 것으로 보인다. 실제로 『충암선생집(冲庵先生集)』에 수록된 「제주풍토록(濟州風土錄)」의 말미에는 방생(方生)에 대해 잠깐 언급하고 있기도 하다. 이로 미뤄보면 방생(方生)이란 이가 그의 「제주풍토록」과 「우도가」를 짓는 데 어떤 정보를 제공한 것으로 짐작된다.
- **牛島**(우도) 소섬. 지세(地勢)가 와우형(臥牛形)이라 붙여진 명칭. 제2편 「우도 관련 문헌기록 해제」 참조.
- **歌以寄興**(가이기흥) 노래로써 그 감흥을 기탁(寄託)함.
- **瀛洲**(영주) 영주산(瀛洲山)을 의미한다. 『열자(列子)』, 『박물지(博物志)』에 삼신산(三神山)의 고사가 소개된다.
- **鰲抃傾**(오변경) '오(鰲)' 와 '변(抃)' 사이에 의미상으로 '대산(戴山)' 이 생략되었다고 보아 그것을 끼워 넣으면 '산을 등에 지고 있던 자라가…' (鰲戴山抃傾)란 의미로 해석된다. 한편 여기에서 '변(抃)' 의 의미는 손뼉을 치면서 즐겁게 춤추는 모습을 떠올리게 한다. 결국 영주산 동쪽머리를 기울게 한 직접적인 요인은 산을 등에 지고 있던 자라가 손뼉 치

고 춤추다가 발생한 일임을 알 수 있다. 참고로 '鰲(오)' 와 '鼇(오)' 는 '자라' 를 뜻하는 동자(同字)로서 부수만 다른 형태이다. 한편 작자의 이 표현과 비슷한 내용으로 굴원(屈原)의 『초사(楚辭)』「천문(天問)」편 중에 "자라가 산을 이고 춤을 추는데 어떻게 편안한가(鼇戴山抃何安之)" 란 부분이 있고, 장형(張衡)의 「사현부(思玄賦)」에는 "자라가 비록 손뼉치고 놀아도 기울지 않아(鼇雖抃而不傾)" 란 표현도 보인다.

- **閟影**(비영) 비궁(閟宮)의 모습. '閟(비)' 의 용례를 보면 『시경(詩經』「노송(魯頌)」편에 '비궁유혁(閟宮有侐)' 으로 시작되는 노래가 있다. 여기에서의 '비영(閟影)' 도 단순히 '신비한 그림자' 라 하기보다는 '비궁의 모습' 으로 해석함이 그 의미가 훨씬 함축적으로 다가온다.
- **攝**(섭) 끌어들이다. 포섭(包攝)하다.
- **五精**(오정) 오행(五行－金木水火土)의 다섯 정령(精靈)들. 곧 목신(木神)－구망(句芒), 화신(火神)－축융(祝融), 금신(金神)－욕수(蓐收), 수신(水神)－현명(玄冥), 토신(土神)－후토(后土)이다.
- **屭贔**(희비) 대단히 힘을 쓰는 모양의 뜻으로, 보통 '贔屭(비희)' 로 통용된다. 혹은 '하신(河神)' 을 뜻하기도 한다. 예컨대 장형(張衡)의 「서경부(西京賦)」 중 '거령(巨靈)인 하신(河神)이 힘을 쓰길 손바닥은 높게, 발바닥은 멀리(巨靈贔屭

高掌遠蹠)' 라는 구절에서 '비희(贔屭)' 의 용례를 찾아볼 수 있다.

- **轟**(굉) 여러 마차들이 한꺼번에 달리는 소리란 의미로서 '화약폭발 시 터지는 소리' 가 바로 '굉(轟)' 이다.
- **雷霆**(뇌정) 격렬한 천둥 벼락소리.
- **瑞山**(서산) 상서로운 산. 서산용출(瑞山湧出)과 관련된 내용은 『고려사(高麗史)』에 그 기록이 실려 전한다.
- **崩洶**(붕흉) '崩(붕)' 은 산이 무너짐, 혹은 부서짐이고, '洶(흉)' 은 물결 꿈틀거림이다. 따라서 '붕흉' 은 큰 파도가 사납게 몰아치는 현상으로 파악할 수 있다.
- **谽谺**(함하) 계곡이 깊고 공허함을 이른다. 『사기(史記)』「사마상여전(司馬相如傳)」 '상림부(上林賦)' 에 다음과 같은 구절이 보인다. "谽谺豁閜阜陵別島(산을 뚫고 흐르는 계곡은 동굴을 만들고, 혹은 언덕과 섬을 만든다.)"
- **洞天**(동천) 신선(神仙)이 산다는 명산(名山).
  - **洞天福地**(동천복지) 천하의 명산과 승경, 신선이 산다는 곳.
  - **深邃洞天**(심수동천) 깊숙하고 그윽한 산천으로 둘러싸인 곳.
- **稜層**(능층) 낭떠러지 같은 것이 층을 이뤄 가파른 모양.
- **鏤壁**(누벽) 벽을 아로새김.
- **錦纈**(금힐) 비단결 무늬.
- **扶桑**(부상) 중국의 전설에 동쪽 바다의 해가 뜨는 곳에 있다

는 신성한 나무, 또는 그 나무가 있는 곳. 『산해경(山海經)』에 있다.

- **凝露**(응로) 물방울이 엉겨 된 이슬.
- **輕濕**(경습) 촉촉한 물기.
- **壺中**(호중) 신선 호공(壺公)의 고사에서 나온 말로 별세계, 혹은 별천지를 뜻한다. 『신선전(神仙傳)』에 호공의 고사가 실려 있다.
- **瑤碧**(요벽) 옥의 일종으로서 푸른 구슬. 『산해경(山海經)』에 있다.
- **列星**(열성) 하늘에 죽 늘어선 별.
- **瓊宮**(경궁) 옥으로 장식한 아름다운 궁전으로서, 경궁연(瓊宮淵)은 결국 수궁(水宮)을 일컫는 다른 표현이다. 장형(張衡)의 「사현부(思玄賦)」에 "경궁(瓊宮)에서 천황을 알현했다(覿天皇于瓊宮)."는 문구가 있다.
- **隱隱**(은은) 가려져 있어 희미하고 분명하지 않은 모양.
- **窺**(규) 엿보다.
- **窓櫺**(창령) 창에 댄 간살, 창살.
- **軒轅**(헌원) 중국 전설상의 황제(黃帝)의 이름. 『장자(莊子)』「천운(天運)」편에는 황제가 지었다는 '함지(咸池)' 라는 음악이 소개된다.
- **馮夷**(풍이) 수신(水神) 하백(河伯)을 지칭한다. 『산해경(山

海經)』에 있다.

- **玉簫**(옥소) 옥으로 된 퉁소.
- **窈窱**(교조) 으늑한 모양, 깊고 먼 모양, 일설에는 조용한 모양. 장형(張衡)의 「서경부(西京賦)」에 "望窈窱以徑廷(망교조이경정), 眇不知其所返(묘부지기소반)"의 구절이 있다.
- **靑冥**(청명) 푸른 하늘. 청천(靑天)과 같다.
- **宛虹**(완홍) 고부라진 모양의 무지개. 『사기(史記)』「사마상여전(司馬相如傳)」'상림부(上林賦)'에 다음과 같은 구절이 보인다. "유성은 궁전의 문틈으로 사라지고, 휘어진 무지개는 난간에 걸려 있네(奔星更於閨闥 宛虹拖於楯軒)."
- **麤鵬**(추붕) 거친 대붕새. 『장자(莊子)』의 「소요유(逍遙遊)」편에 보인다.
- **飄**(표) 회오리바람, 혹은 나부끼다.
- **翅翎**(시령) 날개, 깃. 당(唐)나라 때 시인 육구몽(陸龜蒙)의 시에 이런 구절이 있다. "물새 산새 비록 서로 이름 달라도, 하늘이 지어준 그대로 제각기 양 날개 달렸네(水鳥山禽雖異名, 天工各與雙翅翎)."
- **曉珠**(효주) 새벽에 구슬처럼 빛나는 샛별.
- **塵區**(진구) 진세(塵世), 티끌세상.
- **燭龍**(촉룡) 중국 전설상의 종산의 신으로서 한번 눈을 뜨면 낮이 되고, 눈을 감으면 밤이 되며, 사람의 얼굴에 뱀의 몸을

하고 붉은빛이며 종산의 기슭에 산다. 일명 '촉음(燭陰)' 이라고도 한다. 『산해경(山海經)』에 있다.

- **爛燁**(난엽) 번쩍번쩍 빛나는 모양.
- **驂虯**(참규) 수레를 끄는 두 마리의 뿔 없는 용. 네 필의 말이 끄는 수레의 경우 양쪽 바깥에서 끄는 말을 일컬어 참마(驂馬)라고 한다. 규(虯)는 뿔 없는 용을 지칭한다. 참규(驂虯)와 참리(驂螭)는 상통한다.
- **踏鯶**(답혼) 잉어를 밟아 타고서 놂. 여기서 '鯶(혼)' 은 '鯉(리)' 와 같은 글자로서 잉어를 뜻한다. 답혼(踏鯶)과 승리(乘鯉)는 상통한다.
- **娉婷**(병정) 예쁜 모양, 아름다운 모양.
- **天吳九首**(천오구수) 머리 아홉 달린 천오(天吳)라는 이름의 괴물. 『산해경(山海經)』에 있다.
- **竛竮**(령병) 비틀거리다.
- **水府**(수부) 물을 맡아 다스린다는 신(神)의 궁전.
- **百靈**(백령) 온갖 영령.
- **邪鱗頑甲**(사린완갑) 사악한 비늘과 딱딱한 껍데기, 혹은 '인갑(鱗甲)' 이란 단어가 어패(魚貝)를 상징하는 말이기에 고약한 물고기와 딱딱한 조개류로 이해할 수도 있다.
- **玄機**(현기) 현묘한 기틀, 혹은 현묘한 이치. 왕필(王弼)은 「노자주(老子 注)」에서 이르기를 "현(玄)이란 사물의 지극

함이다(玄物之極也).”라고 풀이했고, 장재(張載)는 『정몽(正蒙)』「삼량(參兩)」편에서 “모든 회전하는 사물은 운동에 있어 반드시 (내적) 기틀[機]이 있다(凡圜轉之物動必有機).”라고 했다.

- **仇池**(구지) 중국 감숙성(甘肅省) 성현(成縣)의 서쪽에 있는 산의 이름.
- **禹穴**(우혈) 중국 회계산(會稽山)에 남아 있는 우(禹) 임금의 유적으로서 산 정상에 거대한 구멍이 뚫려 있는데 민간전설에서는 우가 들어간 구멍이라고 한다.
- **絕境**(절경) 멀리 떨어져 있는 곳. 한편 승지(勝地)를 뜻하는 단어인 '절경(絶景)'과는 달리 파악해야 한다.
- **圖經**(도경) 산수(山水)의 지세(地勢)를 그린 책.
  - ▶ 『고려도경(高麗圖經)』: 고려 인종 원년(1123)에 중국 송나라 사신 서긍(徐兢)이 고려에 와서 보고들은 바를 그림과 글로 적어놓은 책, 현재 그림은 없어지고 글만 전함(40권).
- **蘭橈**(난요) 목란의 노로 난장(蘭槳)이라고도 한다. 즉, 조각배를 상징한다.
- **攫神形**(송신형) '攫(송)'은 집착하다(執), 밀어내다(推)의 뜻도 있지만 여기서는 두려워서(竦) 몸이 꼿꼿해짐을 의미한다. 즉, 신비로운 형태를 처음 마주하세 되자 매우 놀라는 기색을 보임, 심신(心身)이 쭈뼛해짐을 뜻한다.

- 鐵笛(철적) 날라리, 일명 태평소(太平簫)라고도 불린다.
- 老恠(노괴) 늙은 괴물, 즉 늙은 용.
- 悄愁(초수) 낙심하여 근심에 잠기게 하다.
- 歸來(귀래) 돌아오는 것.
- 怳兮(황혜) 황홀하구나!
- 夢未醒(몽미성) 꿈이 아직 깨지 않은 상태.
- 只道(지도) 단지 …만을 말하다.
- 隔門限(격문한) 문이 격절(隔絶)되어 있어 행동이 제한된 상태. 당시 작자 자신이 제주로 유배 와서 위리안치(圍籬安置)된 처지의 심경을 상징적으로 묘사.
- 列叟(열수) 열자(列子). 성이 열(列)이고 이름은 어구(禦寇)로서 기원전 4백년경, 정(鄭)나라에서 태어났다. 그가 남긴 『열자(列子)』란 책은 옛날부터 『노자(老子)』, 『장자(莊子)』와 더불어 도가삼서(道家三書)로 널리 읽혀 왔다. 특히 이 책 「탕문(湯問)」편에는 삼신산(三神山)의 고사가 소개되고 있기도 하다. 『장자(莊子)』「소요유(逍遙遊)」편에는 "열자가 바람을 타고 다니는데 두둥실 날렵하기만 하였다(夫列子御風而行泠然善也)." 라고 소개하고 있기도 하다.

【더늠[敷衍]】

○ 聞方生談牛島歌以寄興 (문방생담우도가이기흥)

방생(方生)이 우도 이야기 하는 것을 듣고 노래로 흥을 붙이다

(1) 瀛洲東頭鰲抃傾 (영주동두오변경)

영주산 동쪽머리, 산을 졌던 자래[鰲] 춤추면서 기울더니

(2) 千年閟影涵重溟 (천년비영함중명)

천년 비궁(閟宮)의 모습, 깊은 바다에 잠겼어라.

(3) 群仙上訴攝五精 (군선상소섭오정)

뭇 신선들 상제(上帝)께 호소하여 오정(五精)을 끌어들이매

(4) 贔屭一夜轟雷霆 (희비일야굉뇌정)

하룻밤 힘써 일을 내니, 우르릉 벼락 천둥소리 요란했네.

(5) 雲開霧廓忽湧出 (운개무곽홀용출)

구름 개고 안개 걷히자 홀연히 솟아나니

(6) 瑞山新畫飛王庭 (서산신화비왕정)

상서로운 산, 새로 그려내어 급히 조정에 보고됐네.

(7) 溟濤崩洶噬山腹 (명도붕흉서산복)

성난 파도, 높이 솟구치며 산허리 잡아채고,

(8) 谽谺洞天深雲扃 (함하동천심운경)

툭 트인 산골짝, 깊게 구름 빗장 걸렸어라.

(9) 稜層鏤壁錦纈殷 (능층루벽금힐은)

깎아지른 절벽, 온통 비단무늬 아로새겨놓아

(10) 扶桑日照光晶熒 (부상일조광정형)

부상(扶桑)에 해 비치니 수정처럼 빛 반짝거리고,

(11) 繁珠凝露濺輕濕 (번주응로천경습)

흩어진 물방울 이슬 맺혀 물기 촉촉한데

(12) 壺中瑤碧躔列星 (호중요벽전열성)

호중(壺中) 별천지의 푸른 구슬, 별자리를 심어놓았네.

(13) 瓊宮淵底不可見 (경궁연저불가견)

옥 궁전 수궁(水宮) 속, 물 깊어 볼 수 없고

(14) 有時隱隱窺窓欞 (유시은은규창령)

때로 언뜻언뜻 그 창살만 어렴풋이 보인다네.

(15) 軒轅奏樂馮夷舞 (헌원주악풍이무)

황제(黃帝) 헌원씨의 풍악에, 수신(水神) 풍이는 춤을 추고

(16) 玉簫岧嶤來青冥 (옥소교조래청명)

그윽한 옥퉁소 소리, 먼 하늘에서 들려오네.

(17) 宛虹飮海垂長尾 (완홍음해수장미)

휘어진 무지개, 바닷물 마시느라 긴 꼬리 드리우고

(18) 鵬戲鶴飄翅翎 (추붕희학표시령)

거친 대붕새, 학을 희롱하며 날갯짓 퍼덕이네.

(19) 曉珠明定塵區黑 (효주명정진구흑)

영롱한 샛별 밝게 빛나건만, 진세는 아직도 깜깜밤중

(20) 燭龍爛燁雙眼靑 (촉룡난엽쌍안청)

촉룡(燭龍)의 부릅뜬 두 눈에선 푸른 기운 뻗쳤네.

(21) 驂虯踏鯶多娉婷 (참규답혼다병정)

용이 끄는 수레 타고 잉어 밟고 놂이 하도나 아름답고

(22) 天吳九首行軨𡲣 (천오구수행령병)

머리 아홉 달린 천오(天吳)귀신 어슬렁대며 가는구나.

(23) 幽沈水府囚百靈 (유침수부수백령)

물속 깊고 으늑한 궁전에 온갖 바다영령들 가둬놓아

(24) 邪鱗頑甲毒風腥 (사린완갑독풍성)

고약한 물고기들, 딱딱한 조개들이 독한 비린내 풍겨내네.

(25) 太陰之窟玄機停 (태음지굴현기정)

태음(太陰)의 기운 서린 굴에 현묘한 이치 머물고,

(26) 仇池禹穴傳神蹟 (구지우혈전신적)

구지산(仇池山), 우(禹) 임금의 무덤에선 신의 자취 전하는데

(27) 惜許絶境訛圖經 (석허절경와도경)

애석하게도 절경(絶境)이라 도경(圖經)엔 빠졌구나.

(28) 蘭橈拏入擭神形 (난요나입송신형)

조각배 노 저어 들어가니 심신(心身)이 쭈뼛하고

(29) 鐵笛吹裂老恠聽 (철적취열노괴청)

날라리[太平簫] 요란히 불어대니 늙은 용이 듣는구나.

(30) 水咽雲暝悄愁人 (수열운명초수인)

물은 오열하고 구름 짙어지며 사람을 근심 속에 빠뜨리니,

(31) 歸來恍兮夢未醒 (귀래황혜몽미성)

황홀하다, 돌아옴이여! 아직도 꿈속인 듯 몽롱하기만 하네.

(32) 嗟我只道隔門限 (차아지도격문한)

아, 난 다만 문이 막혀 있어 나갈 수 없다고 말해야 하나!

(33) 安得列叟乘風泠 (안득열수승풍령)

어찌하면 열자(列子)처럼 맑은 바람 타고 맘껏 날아볼까.

○ 聞方生談牛島歌以寄興(문방생담우도가이기흥)
- 방생이 우도 이야기 하는 것을 듣고 노래로 흥을 붙이다

일반적으로 '우도가(牛島歌)' 로 알려져 있는 충암(冲庵) 김정(金淨) 선생의 이 시는 원 제명(題名)이 '聞方生談牛島歌以寄興(방생이 전하는 우도의 이야기를 듣고서 노래로써 그 감흥을 기탁함)' 이다. 이 시는 그의 유고집인 『충암선생집(冲庵先生集)』(卷之三)에 수록되어 있다. 아울러 이 책(卷之四)에는 「제주풍토록(濟州風土錄)」과 「도근천수정사중수권문(都近川水精寺重修勸文)」

이 함께 수록되어 있어 16세기 제주의 실정을 밝혀주는 중요한 향토 사료로서 평가되고 있기도 하다.

우선 위의 기록을 통해서 볼 때, 이 시의 작자인 김정(金淨)은 우도(牛島)를 직접 답사하지는 않은 것으로 보인다. 더구나 위리안치(圍籬安置 - 죄인을 배소(配所)에서 달아나지 못하도록 가시로 울타리를 만들고 그 안에 가두어 둠)된 유배인의 처지에서 우도를 답사하는 것은 엄두도 못 낼 일이란 건 자명한 이치이다. 유배 당시 그의 이런 처지는 「제주풍토록」의 끝 부분에 잠깐 언급된 기록을 통해서도 어느 정도 짐작이 간다. 즉, "국법이 가히 두렵거니와 외출은 심히 드물어 보름에 혹 한 번이나 두 번 정도이고, 어떤 때는 보름이 넘도록 한 번의 외출도 없다(國法可畏故其出甚稀一朔不過一或二或踰朔不出)."라고 술회하고 있기까지 하다.

그러면 위에서 언급된, 우도의 이야기를 직접 전해준 '방생(方生)' 이란 이는 과연 어떤 사람일까? 이 시와 관련해서는 더 이상 그에 대한 정보가 없어 단정하기란 쉽지 않다. 다만 이 책 『충암선생집』에 함께 수록된 「제주풍토록」 후반의 기사 중에 방생(方生)과 관련된 언급이 잠깐 있어 어느 정도 추정할 수 있다. 즉, 그와 관련된 내용은 이렇다.

"본토박이[土人]가 아니면서도 가까이 지내는 이로 방생(方生)이란 자가 있다. (그의 이름은 순현(舜賢)이며 판관(判官)의 처조

> 카이다. 일찍이 우리들에게서 유학을 배웠는데, 우리들에 대한 소문을 듣고 찾아왔던바 마음의 자족함이 많고 더구나 이야기를 나눌 만하다. 그러나 세속에 물들어 아정하지 못하고 아직 강호에 처할 형편은 아닌 것으로 보이지만 물 밖 세상에서 이런 사람을 만날 수 있음이 어찌 심히 다행스런 일이 아니겠는가.)" 〈且所偕非士人卽方生(生名舜賢判官之妻娚學儒於吾輩事頗聞持意足多稍可談話而染俗乏雅於江湖無入處然海外遇斯人豈非幸甚歟)〉(金淨, 『冲庵先生集』「濟州風土錄」)

결국 우도의 이야기를 작자에게 전해준 방생(方生)이란 곧 방순현(方舜賢)이며, 그는 비단 「우도가」뿐만 아니라 「제주풍토록」과 관련된 내용의 어떤 정보들을 직접 제공한 것으로 짐작된다. 물론 「제주풍토록」에서 언급한 본토박이 중 김양필(金良弼)이란 이가 유일하게 문장을 이해할 정도였다고 한 기록('土人生員金良弼外識文者絶少' : 본토박이 생원 김양필 외에는 문장을 아는 이가 극히 적다.)으로 보아 물론 그의 도움도 절대적이었을 것으로 짐작된다. 방생이 판관의 처조카였다고 한다면 그가 당시 제주판관 진세인(秦世人: 1520~1523, 제주판관 재임)의 처조카를 두고 이름으로 짐작된다. 다만 방생(方生)으로 소개된 방순현은 세속에 물들어 아정함이 결핍되었고 강호에서 놀 수 있는 입장이 아님을 보인다는 그에 대한 인상착의에서도 나타나 보이듯이 그의 직업은 장사나 혹은 어업과 관련된 어떤 일에 종사했을는지도 모른다.

그래서 제주 본토박이가 아니면서도 제주의 사정에 밝아 평소 제주사람들로부터 여러 가지 정보를 들어 잘 알고 있었던 것 같아 보인다.

한편 '노래로써 감흥을 기탁함(歌以寄興)' 이란 표현에서도 몇 가지 시사하는 바가 있다. 여기에는 바로 「우도가(牛島歌)」의 노래를 짓게 된 동기가 상징적으로 담겨 있다고 보이기 때문이다. 즉, 자신이 현재 처한 유배인으로서의 감회를 한 편의 시 작품을 통해서 표출시키고자 하는 의도가 은연중에 내포되어 있다고 보는 것이다. 다시 말해 위리안치(圍籬安置)된 유배인의 처지에서 비록 몸은 제한된 공간에 머물러 있지만 마음만은 홀로 자유로이 비상하며 우도의 바다동굴로 날아가 환상적인 장면들과 자유롭게 조우하는 작자의 모습을 상상하게 되는 것이다.

시어의 내용 중에는 심지어 중국 신화 속에서나 찾아볼 수 있는 신비한 괴물들과 귀신들의 이야기가 등장하면서 마치 환상의 세계에 직면한 듯한 착각을 불러일으키게도 한다. 예컨대 작품 속의 촉룡(燭龍), 풍이(馮夷), 천오구수(天吳九首), 헌원(軒轅), 부상(扶桑) 등의 어휘들은 모두 중국 최고의 대표적 신화집인 『산해경(山海經)』이란 책에 등장한다.

그래서 결국 '감흥(感興)을 기탁(寄託)함' 의 의미로 쓰인 '기흥(寄興)' 이란 곧 두 가지 시각에서 그 의미를 접근시켜 볼 수 있다고 본다.

첫째는 당시 작자의 처지가 비록 행동반경은 극히 제한되어 있었지만, 자유로운 내면세계인 시의 형태를 빌어 그 감홍을 표현한 것으로 보는 시각이다. 신선이 되어 맑은 바람을 타고 하늘을 맘껏 날아다녔던 열자(列子)를 동경하면서 아울러 제한된 공간에서 벗어나 제주의 조그만 섬 우도의 동굴로까지 날아가는 꿈을 펼쳐 보이는 것이다. 아니, 이야기 속의 전개되는 내용을 보면 그 공간이란 이미 한(韓) 본토를 넘어 저 멀리 중국으로까지 뻗쳐 있다.

둘째로는 문학의 표현기법의 하나인 '홍(興)'의 수법을 의탁하여 표현했다고 보는 것이다. 이는 곧 5세기 중국의 위진남북조시대의 문학이론가인 유협(劉勰)이 자신의 저술 『문심조룡(文心雕龍)』「비홍(比興)」편에서 문학작품의 대표적 표현수법의 하나로 소개한 '홍(興)'과도 상통한다.

> "사물에 의탁해서 어떤 의도를 비유적으로 드러내는 '홍'에 대해 자세히 고찰해보면, 말의 사용을 완곡하게 하여 그 스스로 어떤 구조를 이루게 하는 것으로서, 그것이 예로 드는 명칭과 사물은 비교적 작지만 그 함의(含意)는 비교적 크다… '홍'의 수법에서는 말은 분명하게 하나 그 말에 의도된 뜻은 잘 드러나지 않아서 거기에 관한 주를 보아야만 비로소 그 의미를 이해하게 된다." 〈觀夫興之託喩婉而成章稱名也小取類也

大…明而未融故發注而後見也〉(劉勰,『文心雕龍』「比興」)

각주를 참고하지 않고서는 제대로 시를 이해할 수 없다고 강조한 점도 바로 이 「우도가」에 적용될 수 있는 한 요소라고 판단된다.

(1) 瀛洲東頭鰲抃傾(영주동두오변경)

- 영주산 동쪽머리, 산을 졌던 자라[鰲] 춤추면서 기울다

보통 이 부분을 '영주의 동쪽머리 자라가 쳐서 기울어' 라고 풀이한다. 그런데 처음에는 이 말이 얼른 이해가 잘 되질 않는다. "자라가 쳤다니, 그러면 머리로 아니면 꼬리로…?" 왜냐하면 이 부분에 대한 이해가 삼신산의 전설과 얽혀 있는 고사를 떠올리지 않고서는 도저히 풀리지 않는 의문투성이의 연속이기 때문이다. 따라서 이에 대한 올바른 이해를 위해서는 이것과 관련된 삼신산과 얽힌 전설 등의 고사를 살펴보지 않을 수 없다.

『사기(史記)』「봉선서(封禪書)」에는 '삼신산(三神山)' 과 관련된 기사가 다음과 같이 실려 있나.

산을 등에 지고 있는 자라 [鰲]의 모습
- 『고금도서집성(古今圖書集成)』

"제(齊)의 위왕(威王) · 선왕(宣王), 연(燕)의 소왕(昭王)이 사람을 시켜 바다를 건너 봉래(蓬萊) · 방장(方丈) · 영주(瀛洲)의 삼신산(三神山)을 찾게 하는 일을 시작했다. 이 삼신산은 전하여 내려오는 말로는 발해(渤海) 가운데 있으며 그렇게 먼 곳이 아니어서 금시 도달할 것이라고 여겼지만 배가 바람에 불려 번번이 떠내려가 버리는 게 탈이었다. 아마도 지난날에는 도달했던 자가 있었던 모양으로 거기에는 여러 선인들도 있고 불사약(不死藥)도 있으며, 거기에 있는 것이라면 새나 짐승까지도 모두 백색이며 황금이나 백은(白銀)으로 궁궐을 지었다고 한다." 〈自威宣燕昭使人入海求蓬萊方丈瀛洲此三神山者其傳在渤海中去人不遠患且至則船風引而去蓋嘗有至者諸仙人及不死之藥皆在焉其物禽獸盡白而黃金銀爲宮闕〉(『史記』「封禪書」)

동쪽의 발해 바다 어딘가에 있다는 삼신산에 대한 믿음은 드디어 진시황(秦始皇) 때, 서불(徐市)을 대장으로 하고 동남동녀 5백명과 다수의 대원으로 구성된 대규모 선단을 삼신산을 찾는 탐험대로 파견하기에 이른다. 한편 제주도 서귀포시의 정방폭포 절벽에는 이들 일행이 남기고 간 글자로 '서불과지(徐市過之)' 가 있었다는 민간 전설도 전해지고 있다.

결국 삼신산이 중국의 바다 동쪽 한반도에 있다는 생각은 곧 봉래산(蓬萊山)을 금강산(金剛山)에, 방장산(方丈山)을 지리산(智異山)에, 그리고 영주산(瀛洲山)을 한라산(漢拏山)으로 비정(比定)하게 된다. 그래서 조선 말기의 이능화(李能和)와 같은 학자는 본래 신선들이 사는 삼신산이 고대 한국에 있었고, 이러한 신선사상이 중국으로 흘러들어 가 도교로 발전했을 것이라는 가설을 제시하기도 했었다.

결국 영주산(瀛洲山)은 곧 한라산(漢拏山)을 지칭하는 것이기에 예로부터 탐라를 두고 동영주(東瀛洲)라 부르기도 했다. 이 삼신산(三神山)이 있기 이전에 이미 오신산(五神山)이 존재했었다. 이에 대한 기록이 전해지는 게 바로 『열자(列子)』「탕문(湯問)」편의 고사다. 여기에 바로 자라[鰲]가 삼신산(三神山)을 등에 지고 다녔다는 이야기가 실려 있다. 그 내용을 풀어서 소개한 원가(袁珂)의 『중국(中國)의 고대신화(古代神話)』에서 옮기면 다음과 같다.

발해의 동쪽 수억만 리 되는 곳에 거대한 계곡이 있다. '귀허(歸墟)' 라고 하는 이 계곡은 밑도 끝도 없이 크다. 세상의 모든 강물이 이곳으로 흘러들어 가지만 수면은 항상 일정했다. 그래서 사람들은 걱정을 하지 않았다. 물이 넘칠 우려가 없기 때문이었다.

귀허에는 대여(岱輿)와 원교(員嶠), 방호(方壺), 영주(瀛洲) 그리고 봉래(蓬萊)라고 하는 다섯 개의 신산(神山)이 있는데 각기 그 높이와 둘레가 3만 리가 넘는다. 그리고 산과 산의 거리가 보통 7만 리에다 정상에는 9천 리나 되는 넓은 평원이 있다. 산 위에는 황금으로 축성한 궁전과 백옥으로 만든 난간이 있는데 이곳이 바로 신선이 사는 곳이다. 그곳의 새나 짐승은 모두 흰색을 하고 있으며 도처에 진주와 보석이 열리는 나무들이 자라고 있다. 그 나무들은 꽃이 피고 열매를 맺는다. 그 열매가 바로 진주 또는 보석인데 먹으면 장생불사하는 효험을 지니고 있다. 한편 이곳에 사는 신선들은 대부분 흰옷을 입고 있으며 등에는 조그마한 날개가 달려 있다. 그들은 하늘과 대해를 마치 새처럼 자유자재로 날아다니는데 다섯 개의 신산에 있는 친구들을 찾아가기도 한다. 그들은 모두 행복한 생활을 누리고 있다.

그러나 이처럼 행복한 생활을 하고 있는 그들이지만 한 가지 걱정거리가 있다. 다름이 아니라 바다에 떠있는 이 신산은 뿌리가 없다. 그래서 평상시에는 아무 일도 없었지만 바람이 불면 걷잡을 수 없이 흔들리고 만다. 그렇게 되면 신선들의 나들이가 여간 불편하지 않았다. 친구를 찾아 집을 나섰지만 산이 밀려나 이리저리 찾아 헤맨 적이 한두 번이 아니었다. 실로 힘들고 짜증나는 노릇이라고 아니할 수 없었다. 결국 그들은 대표를 선출하여 천제에게 호소하기로 결정했다. 이러한 사정을 전해 들은 천제는 곰곰이 생각했다. 신산이 흔들리는 것쯤이야 대수롭지 않은 문제이겠지만 바람이 너무 심해 북극으로 밀려난다든지 또는 대해에 침몰하여 그들이 살 곳을 잃게 되면 정말 큰일이었다. 생각 끝에 천제는 북해의 해신인 우강(禺强)에게 적당한 조치를 취하도록 했다.

우강은 천제의 친손자인데 풍신(風神)까지 겸하고 있다. 그가 풍신으로 등장할 때는 사람의 얼굴에다 새의 몸뚱이를 하고 있으며 발과 귀에는 두 마리의 푸른 뱀을 달고 있는, 그야말로 위세가 등등한 천신의 모습을 하였다. 그는 자신의 거대한 두 날개를 움직여 맹렬한 바람을 불러일으키는데 그 바람 속에는 질병과 병균이 잔뜩 들어 있기 때문에 이 바람을 맞는 사람은 곧 죽게 된다. 그러나 이렇게 무서운 그도 해신(海神)으로 나타날 때에는 그렇지가 않았다. 마치 능어(陵魚)처럼 물고기의 몸뚱이에다 손발이 나 있는 모습으로 두 마리의 용을 타고 다닌다. 그가 왜 물고기의 몸뚱이를 가지게 되었는가 하면 그는 원래 북방의 대해에 살고 있던 '곤(鯤)' 이라고 하는 물고기였기 때문이다. 그 물고기는 길이가 수천 리에 달하는 엄청난 고래였다. 또한 몸을 한번만 비틀면 그는 '붕(鵬)' 이라고 하는 새가 된다. 그것은 매우 흉폭한 봉황새로서 등의 길이만 해도 수천 리에 달할 정도로 엄청나게 길다. 화라도 나서 하늘을 날 때면 그의 검은 날개는 흡사 하늘에 먹구름이 낀 것만 같다고 한다.

매년 겨울, 바닷물이 움직일 때면 그는 북해에서 남해로 날아간다. 그때 그의 모습은 물고기에서 새로, 해신에서 풍신으로 둔갑을 한다. 천지를 훑듯이 불어대는 한랭한 북풍은 바로 이때 평소 해신이었던 우강(禺强)이 큰 새로 둔갑하면서 내는 바람인 것이다. 그가 막 큰 새로 둔갑하여 북해를 떠날 때 그가 날개를 한번 치면 하늘에 닿을 듯한 3천 리에 달하는 엄청난 파도를 일으키게 되는데 그는 이 파도와 폭풍을 타고 9만 리의 하늘까지 높게 치솟는다. 그는 이렇게 장장 반년을 날아 목적지인 남해에 다다라서 약간의 휴식을 취할 뿐이다. 그가 바로 해신 겸 풍신인 우강으로서 이제 천제의 명령을 받고 신선이 사는 곳을 위해 적당한 조치를 취하게 되었던 것이다.

해신은 천제의 명령인 만큼 게을리할 수가 없었다. 그는 급히 열다섯 마리의 거대한 거북이를 귀허(歸墟)로 보내 다섯 개의 신산을 등에 지도록 했다. 한 마리는 지고 나머지 두 마리는 그 밑에서 교대하도록 했는데 6만 년에 한 번씩 차례가 돌아왔다. 한편 이들 거북이들은 이 일에 그렇게 정성을 기울이지 않았다. 산을 지고 있다가도 갑자기 내려놓고는 한데 어울려 춤을 추기도 했다. 물론 이들의 놀음에 신선들은 약간 불만이 있었지만 그래도 바람에 시달려야 했던 옛날에 비하면 천만다행이었다. 이제 신선들도 종전처럼 행복한 생활을 할 수 있게 되었다. 그리하여 몇 만 년이 지난 어느날, 뜻하지도 않은 일이 발생하고 말았다. 용백국(龍伯國)의 거인이 장난을 치는 바람에 신선들은 다시 한번 엄청난 재앙에 시달리게 되었던 것이다.

용백국은 곤륜산에서 북쪽 수만 리에 위치하고 있는 거인국으로서 백성은 모두 용의 종족이라 하여 '용백' 이라고 불렸다. 그곳에 사는 한 거인이 하루는 심심하여 낚싯대를 메고 동방의 바다 밖에 가서 낚시를 하게 되었다. 그는 몇 발자국 만에 귀허의 신산에 닿았고 다시 몇 발자국을 가서야 다섯 개의 신산을 한 바퀴 돌았다. 낚싯대를 몇 번 던져 오랫동안 굶주렸던 거북이 여섯 마리를 낚아 올렸다. 그는 아무 일도 없었다는 듯이 낚싯대를 메고 집으로 돌아왔다. 거북이 등을 발라 점이나 칠 생각이었다. 그러나 뜻하지 않게 이 일이 있고부터 대여산(岱輿山)과 원교산(員嶠山)은 북극으로 떠내려가 비닷속에 침몰하고 말았던 것이다. 이때 수많은 신선들은 급히 집을 뛰

> 져나와 공중을 헤매면서 큰 홍역을 치렀던 것이다.
>
> 이 일을 알게 된 천제는 화가 머리끝까지 치밀었다. 그래서 위대한 신력을 발휘하여 용백국의 국토를 최대한 줄여놓았고 사람들의 키도 작게 하여 더 이상 재앙을 저지르지 못하도록 했다. 그 뒤 신농(神農)의 시대에 오면 그들의 키는 더 이상 줄일 수 없을 정도로 작아져 있다. 그러나 인류가 보기에는 그래도 수십 길은 되었다.
>
> 이렇게 하여 귀허의 5대 신산은 두 개가 침몰하고 봉래(蓬萊), 방장(方丈), 즉 방호(方壺), 영주(瀛洲) 세 산만이 남게 되었다. 한편 거대한 거북이들도 용백국 거인의 교훈을 받고 나서부터는 성실하게 임무를 수행하게 되었다. 지금까지도 거북이들은 신산을 등에 지고 있지만 아직 아무런 일도 발생하지 않았다.(*원문생략)

결국 영주산의 동쪽머리가 기울게 된 원인은 바로 산을 등에 지고 있던 자라가 손뼉 치고 춤추며 놀다가 그만 그렇게 된 것임을 위의 고사를 통해서 확인할 수 있다.

위의 내용과 유사한 표현이 굴원(屈原)이 지은 『초사(楚辭)』와 장형(張衡)의 「서경부(西京賦)」에도 등장함(*앞의 주석 참조)을 볼 때, 작자인 김정(金淨)이 시문섭렵의 대상으로 평소 이들 작품을 포함시키지 않았나 하는 생각도 해보게 된다.

(2) 千年閟影涵重溟(천년비영함중명)

- 천년 비궁(閟宮)의 모습이 깊은 바다에 잠기다

'천년비영(千年閟影)'은 '천년의 역사를 지닌 비궁의 모습'이다. '비궁(閟宮)'은 『시경(詩經)』「노송(魯頌)」편 첫머리에 나오는 '비궁유혁(閟宮有侐)'의 그것과 같은 것으로서 이는 종묘(宗廟)와 상통한다. 곧 '천년비궁'이라 함은 '천년사직(千年社稷)'의 의미를 상징적으로 내포하면서 오랜 역사를 지닌 신선세계의 궁전을 묘사한 것으로 해석할 수도 있다.

어쩌면 이 표현이 다음에 이어지는 '서산용출(瑞山湧出)'을 좀 더 실감나게 표현코자 하는 의도에서 작자의 상상력을 통해 새롭게 설정되었을 법도 하다. 그냥 바닷속에서 갑자기 육지가 솟아났다고 해도 될 것을, 새로 비궁을 설정한 것이다. 그래서 본래 존재하던 비궁이 어느 날 산을 지고 있던 자라가 그만 춤추면서 삐딱거리더니만 물속에 잠겨버렸다는 식의 시상의 전개로 나타나게 되는 것이다.

그렇다면 처음부터 아예 '비궁(閟宮)'이라 표현할 것이지 왜 '비영(閟影)'으로 표현했던 것일까? 이것은 아마도 물속에 잠겨 있는 실체의 모습(혹은 그림자)을 상기시키기 위한 시도로 보인다. 즉, 본 실체는 물속 깊이 잠겨 있으면서도 아련히 그 모습(혹은 그림자)이 비치고 있는 상태를 두고 이르는 것이다. 예컨대

'물 아래 그림자 지니 달 위에 중이 간다' 는 시조시의 한 표현기법과도 상통한다고 할 것이다.

(3) 群仙上訴攝五精(군선상소섭오정)

- 뭇 신선들 상제(上帝)께 호소해 오정(五精)을 끌어들이다

『열자(列子)』「탕문(湯問)」편의 삼신산의 고사에도 신선들이 상제께 호소하는 대목이 있다. 아마도 작자는 이 대목을 상기하여 물속에 잠긴 비궁(閟宮)을 다시 원래대로 복원시켜주도록 상제께 호소하는 신선들의 모습을 그려내고 있는 것으로 보인다. 그런데 여기에 다시 포섭 대상으로 삼은 오정(五精)이 새로 또 등장한다.

그렇다면 여기서 오정(五精)이란 과연 무엇을 두고 이름인가? 필자가 생각하기에는 크게 두 가지로 나눠 생각해볼 수 있다고 본다. 하나는 신선들이 사는 오신산(五神山)의 정령(精靈)들이다. 즉, 발해(渤海)의 동쪽에 신선이 산다는 다섯의 산, 대여(岱輿)·원교(員嶠)·방호(方壺)·영주(瀛洲)·봉래(蓬萊)의 산을 주재(主宰)하는 정령들이다. 또 다른 하나는 오행(五行)의 신, 즉 목신(木神) 구망(句芒)·화신(火神) 축융(祝融)·금신(金神) 욕수(蓐收)·수신(水神) 현명(玄冥)·토신(土神) 후토(后土) 등이

다. 그런데 이 시에서 다음에 이어지는 요란한 천둥소리와 먹구름, 짙은 안개 등이 등장하는 것으로 보아 여기서는 후자인 오행(五行)의 신으로 오정(五精)을 비정(比定)함이 더 타당할 듯싶다.

(4) 贔屭一夜轟雷霆(희비일야굉뇌정)

- 하룻밤 힘써 일을 내니, 우르릉 벼락 천둥소리 요란하다

일군의 신선들이 상제께 호소하여 허락을 받아냈고, 오행(五行 - 金木水火土)의 신들까지 포섭하여 드디어 하룻밤 힘써 일을 내니 우르르 쾅쾅 요란한 굉음소리와 번개가 치는 현상이 천지를 진동한다. 새로운 천지개벽의 상황이 전개됨을 아주 실감나게 묘사하고 있다.

작자는 이런 신비로움을 고조시키기 위한 한 방법으로 '희비(贔屭)', '굉(轟)' 과 같은 생소한 단어를 의도적으로 시어로 채택한 게 아닌가 하는 느낌이 들기도 한다.

이런 예는 비단 이 대목에서뿐만 아니라 작품 전체를 두고 생각해 볼 때에도 그대로 적용된다. 예컨대 시어로서 차용된 한자어에 동일부수가 3개 연속적으로 중첩된 글자를 사용함이 다른 시들에 비해 두드러지게 돋보이기 때문이다. 구체적으로 그렇게 쓰인 글자들을 한데 모아 열거하면 다음과 같다.

즉, 攝(섭)(3구)·屭(희)(4구)·贔(비)(4구)·轟(굉)(4구)·晶(정)(10구)·熒(형)(10구)·麤(추)(18구) 자 등의 용례가 그렇다.

참고로 '屭贔(희비)' 란 단어는 보통 '贔屭(비희)' 로 표기함이 자전(字典)에 실린 일반적인 용례이다. 보통 '힘을 쓰는 모양' 의 뜻으로 쓰이기도 하지만 일견 하신(河神)인 거령(巨靈)으로 풀이하기도 한다. 예컨대 장형(張衡)의 「서경부(西京賦)」에 나오는 '巨靈贔屭(거령비희) 高掌遠蹠(고장원척)' 이란 문구의 '비희(贔屭)' 란 단어의 용례가 그렇다. 한편 『본초강목(本草綱目)』에는 "비희(贔屭)란 큰 거북은 무거운 것을 짊어짐을 좋아한다. 오늘날 돌로 된 비석 아래의 거북형상이 바로 그 모습이다(贔屭大龜好負重今石碑下龜趺象其形)." 라고 소개하고 있기도 하다. 여기에서는 '애써 힘을 쓰다' 의 의미로 풀이했다.

한편 '뇌정(雷霆)' 은 격렬하게 울려대는 천둥 벼락을 일컫는다. 여기에 '굉(轟)' 이란 엄청난 소리를 뜻하는 단어를 앞에 내세워 요란한 벼락 천둥소리를 묘사하고 있다. 이런 자연현상 중 '뇌정(雷霆)' 의 발생에 관해 장재(張載)는 『정몽(正蒙)』「삼량(參兩)」편에서 이렇게 주장한다.

> "음의 기란 모두 엉기어 모이는 것인데, 양이 안에 있는 것이 나갈 수 없으면, 분격하여 격렬한 우뢰[雷霆]가 되고, 양이 밖에 있는 것이 들어가지 못하면, 빙빙 돌아다니면서 멈추지

않고 바람이 된다." 〈凡陰氣凝聚陽在內者不得出則奮擊而爲雷霆陽在外者不得入則周旋不舍而爲風〉(張載, 『正蒙』「參兩」)

화산폭발과도 같은 엄청난 지각변동을 거치면서 수중에서부터 솟아나와 섬이 형성되는 태초의 과정을 작가는 상상력을 동원하여 이렇게 실감나게 그려내고 있는 것이다.

(5) 雲開霧廓忽湧出(운개무곽홀용출)

- 구름 개고 안개 걷히자 홀연히 솟아나다

천지가 진동하고 바닷물이 용솟음치는 대난리가 진정되자, 이윽고 먹구름이 걷히고 자욱했던 안개가 사라지면서 홀연히 솟아난 하나의 거대한 물체가 선명하게 그 자태를 드러낸다. 그것은 다름 아닌 바다 한가운데 새로 생겨난 새로운 섬이면서 산이다. 이름 하여 상서로운 산이라는 의미에서 명명된 '서산(瑞山)' 이 바로 그것이다.

『고려사(高麗史)』(卷第五十五) 「오행(五行)」조에 이런 내용이 실려 있다.

"목종 5년 6월 탐라(耽羅)에서 산에 네 개의 구멍이 뚫어지며 붉은 물이 솟아 나오다가 5일 만에야 멎었는데 그 물이 모두 용암(熔岩)이 되였다. 10년에 탐라의 바다 가운데에서 서산(瑞山)이 솟아 나왔으므로 태학박사(太學博士) 전공지(田拱之)를 보내어 이것을 시찰시켰는데 탐라사람들이 말하기를 '산이 처음 나올 적에는 구름과 안개가 자욱하여 날이 캄캄해지면서 우뢰와 같은 지동이 일어난 지 무릇 7일 만에야 날이 처음으로 개었다. 그리고 산의 높이가 백여 발[丈]이나 되고 주위는 40여 리 가량 되며 초목은 없고 연기만 산 위에 자욱이 덮였는데 바라본즉 석류황(石硫黃) 같으며 사람들이 무서워서 가까이 가지 못하였다.' 라고 하였다. 전공지가 자신이 직접 그 산 밑까지 가서 산의 형상을 그려 가지고 돌아와서 왕에게 드렸다." 〈穆宗五年六月耽羅山開四孔赤水湧出五日而止其水皆成瓦石十年耽羅瑞山湧出海中遣太學博士田拱之往視之耽羅人言山之始出也雲霧晦冥地動如雷凡七晝夜始開霽山高可百餘丈周圍可四十餘里無草木烟氣羃其上望之如石硫黃人恐懼不敢近拱之躬至山下圖其形以進〉(『高麗史』「志第九 - 五行三」)

작자는 이 시를 지으면서 『고려사』의 '서산용출(瑞山湧出)' 과 관련된 기사를 상기하여 구성한 것으로 보인다. 다음에 이어지는 '瑞山新畵飛王庭(서산신화비왕정)' 과 연계시켜 보더라도 자연스럽게 그런 맥락이 이어짐을 느끼게 된다.

(6) 瑞山新畫飛王庭(서산신화비왕정)

- 상서로운 산 새로 그려내어, 급히 조정에 보고가 되다

새롭게 탄생한 바다 가운데의 상서로운 산의 모습이 그림으로 그려져 급히 조정에 보고됨은 바로 앞서 인용한 『고려사(高麗史)』 기사의 내용과 거의 흡사하다. 즉, 고려(高麗) 조정에서는 태학박사(太學博士) 전공지(田拱之)를 급파시켜 이를 살펴보도록 했고, 그 자세한 내용은 그림으로 그려져 왕에게 보고되었던 것이다. 지금으로부터 꼭 1천 년 전의 일이다(고려 목종 10년은 1007년이다).

그런데 이 역사적 기록물인 서산(瑞山)과 이 「우도가(牛島歌)」에 등장하는 서산(瑞山)이 공통적으로 우도 섬을 지칭한다고 단정 짓기에는 보다 신중한 접근의 노력이 필요하다고 본다. 왜냐하면 지금까지 알려진 제주관련 향토 사료들에서는 이 부분에 대한 다양한 해석이 내려지고 있기 때문이다.

먼저 이에 대한 기록 중 가장 오래된 저술인 『동국여지승람(東國輿地勝覽)』(1481)이나 이원진(李元鎭)의 『탐라지(耽羅志)』(1655)의 경우, 서산(瑞山)의 위치를 단순히 '대정현(大靜縣)에 속한다'라고만 포괄적으로 나타내고 있을 뿐, 구체적으로 그곳이 어디인지는 분명히 밝히고 있지 않다.

한편 김상헌(金尙憲)의 『남사록(南槎錄)』(1602)과 이증(李增)의

『남사일록(南槎日錄)』(1680), 그리고 이명운(李明運)의 『증보탐라지(增補耽羅誌)』(1765)는 서산(瑞山)이 곧 비양도(飛揚島 - 현재 한림읍 소재)임을 공통적으로 밝히고 있다. 그런데 유독 이형상(李衡祥) 목사만은 자신의 저술 『남환박물(南宦博物)』(1702)에서 서산(瑞山)이 가파도(蓋波島)임을 주장하고 있다. 즉, 대정현에 속한 섬들 중에 섬의 둘레가 40여 리에 달하는 것이라곤 가파도밖에 없다고 판단했기 때문이다. 이원조(李源祚)의 『탐라지초본(耽羅之草本)』(1843)과 장인식(張寅植)의 『탐라지(耽羅誌)』(1850)에서는 '서산' 이 현재의 군산(軍山)임을 밝히고 있기도 하다.

그런데 이와는 좀 유별나게 김석익(金錫翼)의 『탐라지(耽羅誌』(1940년대)와 담수계(淡水契)편의 『증보탐라지(增補耽羅誌)』(1954)의 경우에는 아예 두 부류로 나눠 설정하고 있다. 즉, 목종(穆宗) 5년(1002)의 '적수용출(赤水湧出)' 의 기록은 비양도(飛揚島)로, 목종 10년(1007)의 '서산용출(瑞山湧出)' 의 기록은 우도(牛島)로 각각 달리 해석하여 비정하고 있는 것이다.

이처럼 다양한 견해들이 대두되는 입장에서 볼 때 서산(瑞山)의 소재를 딱히 어느 한 곳을 지정하여 단정 짓기란 실로 어려운 일이 아닐 수 없다. 다만 한 가지 분명해 보이는 것은, 이 시의 작자가 우도 섬의 형성과정을 시어로 담아내면서 '서산용출(瑞山湧出)' 이라는 역사적 사실을 재구(再構)하여 이렇게 표현했을 것이라는 추정이다. 요컨대 작자는 이 시에서 비록 '서산용출' 을 들어 우도 섬의 탄생을 묘사하고는 있지만, 역사적 사실로서의 '서산(瑞山)' 이란 존재가 바로 '우도' 였음을 강조하고 있지는 않다고 보는 것이다. 그래서 '서산' 은 보통명사격인 쓰임으로 해서 그저 '상서로운 산' 정도의 의미로 붙여졌을 것으로 생각해 보는 것이다.

이런 예는 일찍이 성종(成宗) 18년(1487) 9월에 제주 3읍 추쇄경차관(推刷敬差官)의 임무를 띠고 제주에 왔던 최부(崔溥)가 남긴 '탐라35절(耽羅三十五絶)' 의 연작시 중 21절의 시에서도 유사한 느낌을 찾아볼 수 있다.

海吐瑞山供逸趣　龍蟠牛島呈祥霧
山川喜我泛槎來　我亦有情堪指顧

- 崔溥의 '耽羅詩 35絶 中 21絶 -

바다가 토해낸 상서로운 산, 운치 있는 볼거리요,
용이 서린 우도 섬엔 안개 자욱 좋은 징조라네.
산천이 나를 반겨 '떼배여 어서 오라!' 하니
나 또한 신이 나서 손짓하며 돌아보네.

(*필자 졸역)

즉, 위 시에서 '해토서산(海吐瑞山)' 과 '용반우도(龍蟠牛島)'

가 서로 대구(對句)를 이루고 있음은 분명해 보이지만 '서산(瑞山)' 이 곧 '우도(牛島)' 를 지칭하는 것이라고 단정 짓기에는 좀 선부른 예단이 아닌가 하고 여겨진다. 이어지는 시어의 내용에서 살펴보더라도, 바다 밖 멀리서 배를 타고 바라보는 한라산은 그 자체가 바다 가운데 솟은 상서로운 산으로 다가오리라는 생각이 우선 들 법하기 때문이다.

더욱이 『고려사』의 기록 중 '서산' 의 높이가 백여 장(丈)이나 된다고 했는데 우도에 있는 우도봉의 높이라고 해봐야 불과 수십 장에 불과할 것이기 때문이다.(*참고로 1丈은 10尺이요, 1尺은 약 30cm이니, 100丈은 약 300m 정도임)

(7) 溟濤崩洶噬山腹(명도붕흉서산복)

- 성난 파도, 높이 솟구치며 산허리를 잡아채다

바닷속 한가운데에 생긴 섬이라 산 능성까지 치고 차오르는 파도는 금방이라도 산을 삼킬 듯이 밀려든다. 이는 마치 해약(海若)과 같은 바다신이 있어 자신의 혓바닥을 날름거리며 산허리를 잡아채어 씹어 삼키는 듯한 정경을 그대로 노정시킴으로써 표현기법의 정미함을 통한 사실적인 묘사를 시도하고 있는 것이다. 그래서 여기 '서(噬: 깨물다)' 라는 단어 한 자의 쓰임이야말로 앞의

'붕흉(崩洶: 산이 무너지고 물결이 들끓음)' 의 의미를 뒷받침하면서도 시상 전체의 느낌을 더욱 생동감 있게 고조시키는 효과를 자아내게 한다고 할 것이다.

(8) 谽谺洞天深雲扃(함하동천심운경)

- 툭 트인 산골짝엔 구름 빗장 깊게 걸리다

'함하동천(谽谺洞天)' 이란 신선들이 노니는 골짜기로서 깊고도 공허함을 간직한 공간이다. 그런 의미에서 '심수동천(深邃洞天)' 과도 상통한다. 여기에다 빈 골짜기의 공허함을 구름 빗장으로 채우면서 더욱 신비감을 자아내게 하는 풍경이야말로 흡사 도연명(陶淵明)의 무릉도원(武陵桃源)을 연상케 한다.

일찍이 한(漢)나라 효무제(孝武帝) 때 사마상여(司馬相如)란 신하가 황제에게 '상림부(上林賦)' 를 지어 바쳤는데 거기에 '함하(谽谺)' 란 어휘의 용례가 보인다.

즉, "산을 뚫고 흐르는 계곡은 어렵사리 도랑을 내어, 텅 빈 골짜기와 언덕과 섬을 만드네." 〈振谿通谷蹇產溝瀆 谽谺豁閜阜陵別島〉(『史記』「司馬相如傳」)란 표현이 있고, 또 "남산 가파르게 높이 솟은 봉우리를 보네. 깊은 산의 산길은 깊고 깊숙하게 열렸고, 활짝 트인 계곡은 광활하도다." 〈望南山之參差巖巖 深山之谾谾兮

通谷豁兮谽谺〉(『史記』「司馬相如傳」)라 했다. 여기의 '함하(谽谺)' 란 단어의 의미가 바로 이 시어와 상통하는 용례로서 '탁 트인 계곡' 의 이미지를 확인할 수 있기도 하다.

한편 노자(老子)는 "골짜기 신은 죽지 않는다(谷神不死)." 라고 했다. 골짜기나 동굴은 대개 음(陰)의 기운이 왕성한 곳이다. 본격적인 우도 동굴의 유람에 앞서 신선들이 사는 계곡의 모습을 그려 첨가함으로써 선경(仙境)의 분위기를 더욱 고조시키는 효과를 자아내게 할 뿐만 아니라 자연스레 동굴로 이어지는 길목을 터놓는 느낌이 들게 한다.

여기서 '빗장' 을 뜻하는 글자인 '扃(경)' 은 원래 '戶 + 向' 의 형태가 아닌, 한 획이 빠진 '扃(경)' 이 옳지만 서법(書法)의 관례상 그렇게 점을 찍어 쓰인 것으로 보인다.

한편 이 「우도가」의 특징 가운데 하나로 작자의 시어(詩語) 선택의 취향을 꼽을 수 있다. 이미 앞서 동일 부수를 세 개 중첩시킨 경우 - 예컨대 '굉(轟)', '추(麤)', '비(贔)' 등 - 를 그 첫 번째 사례로 들어 언급한 바가 있었지만, 특히 '함하(谽谺)' 와 같이 두 음절의 단어들 가운데 동일 부수를 쓰거나 유사한 음가의 단어를 사용한 예가 빈번히 나타남이 그 두 번째 특징적인 사례이기도 하다. 시어들 가운데 그러한 단어들만을 모아 열거해보면 다음과 같다.

즉, 희비(屭贔)(4구) · 뇌정(雷霆)(4구) · 명도(溟濤)(7구) · 함하

(谽谺)(8구) · 요벽(瑤碧)(12구) · 은은(隱隱)(14구) · 규창(窺窓)(14구) · 헌원(軒轅)(15구) · 교조(窌窱)(16구) · 시령(翅翎)(18구) · 난엽(爛燁)(20구) · 병정(娉婷)(21구) · 녕병(岭屛)(22구) 등의 예가 그렇다.

작자의 이러한 시어 선택의 취향은, 이런 단어들을 의도적으로 선택해 적절히 배치해 사용하면서 그 단어만이 지닌 운율적 리듬감뿐만이 아니라 동일부수 단어의 연속적 등장으로 이어지는 시각적 이미지의 효과마저 입체적으로 달성하면서 더욱 환상적인 분위기를 이끌어내고 있다고 할 것이다.

(9) 稜層鏤壁錦纈殷(능층루벽금힐은)

- 깎아지른 절벽엔 온통 비단무늬 아로새겨놓다

우도봉의 동남쪽엔 거대한 절벽이 마치 병풍을 둘러놓은 것처럼 장관을 연출한다. 바다 쪽에서 올려다보면 천길 낭떠러지라는 말이 실감 날 정도로 그 위세가 가파르다. 오랜 세월 바닷물에 씻기면서 여러 겹의 층을 형성하고 있기도

후해석벽(後海石壁)

하다. 시인은 이런 자연을 두고 마치 비단을 둘러놓아 아롱지는 무늬를 연상시키게 하고 있다. 지세의 위치가 떠오르는 햇빛을 정면으로 받도록 되어 있어 암벽에서 빚어내는 가지각색의 모양들은 흡사 때깔 고운 비단을 연상시키게 하리만치 황홀하다. 여기서 '鏤(루)' 란 글자의 차용에 주목할 만하다. '강철 같은 쇠에 아로새겨놓다' 의 의미가 바로 그것이다. 대개 이런 상황에선 '비단을 둘러놓아' 정도의 수준에 머물 법한데 작자는 '벽엔 온통 비단무늬 아로새겨놓아' 로 강조하고 있다. 고도의 문학적 표현기법에서 나온 발상이라, 절로 감탄을 연발하지 않을 수 없게 한다.

그래서 후세의 사람들은 이곳의 절경을 우도 자연의 아름다운 여덟 가지 경치 가운데 하나로 후해석벽(後海石壁)을 설정시켜 놓고 있기도 하다.

시어의 전개상 이 구절부터 우도 동굴로의 본격적인 행로가 시작된다고 할 것이다.

(10) 扶桑日照光晶熒(부상일조광정형)

- 부상(扶桑)에 해 비치니 수정처럼 햇빛 반짝거리다

부상(扶桑)은 중국의 전설에, 동쪽 바다의 해가 뜨는 곳에 있다는 신성한 나무이다. 혹은 그 나무가 있는 곳을 의미하기도 한다.

『산해경(山海經)』「해외동경(海外東經)」편에 '부상(扶桑)'에 대한 기록이 다음과 같이 실려 있다.

고래콧구멍(東岸鯨窟)에서 본 일출(사진 - 필자촬영)

> "아래에 양곡이 있다. 양곡의 위에는 부상이 있는데 이곳은 열 개의 태양이 목욕을 하는 곳으로 흑치의 북쪽에 있다. 물 가운데에 큰 나무가 있는데 아홉 개의 태양이 아랫 가지에 있고, 한 개의 태양이 윗 가지에 있다."〈下有湯谷湯谷上有扶桑十日所浴在黑齒北居水中有大木九日居下枝一日居上枝〉(『山海經』「海外東經」)

한편 『회남자(淮南子)』「천문훈(天文訓)」편에는 이런 구절도 보인다.

> "태양은 양곡(暘谷)에서 뜨고 함지(咸池)에서 목욕하며 부상(扶桑)의 들을 지나간다. 이때를 신명(晨明)이라고 한다."
> 〈日出于暘谷 浴于咸池 拂于扶桑 是謂晨明〉(『淮南子』「天文訓」)

작자는 우도의 동굴로 들어가기 전 신화 속의 이야기를 끌어들이며 분위기를 조성하고 있다.

우도는 제주의 동쪽 끝 섬이라, 제주에서는 떠오르는 햇빛을 가장 먼저 받는 곳이다. 이른바 해 뜨는 곳의 상징인 '부상(扶桑)'을 등장시켜 깎아지른 절벽에 반사되는 햇빛의 찬란함을 노래하고 있는 것이다.

한편 굴원(屈原)은 『초사(楚辭)』「이소(離騷)」에서 이렇게 노래한다.

> "내 말을 함지(咸池)에서 물 먹이고, 고삐를 부상(扶桑)에 매네."〈飮余馬於咸池兮 摠余轡乎扶桑〉(屈原, 『楚辭』「離騷」)

함지(咸池)는 해가 목욕하는 곳이요, 부상(扶桑)은 나무의 이름으로서 거대한 뽕나무를 두고 이름인데, 바로 해가 그 밑에서 뜨는 곳을 두고 이른다. 함지에서 말에게 물을 먹임은 자신의 몸도 해와 함께 목욕하여 깨끗이 하기 위함이요, 수레의 고삐를 부상에 매어둠은 해가 가는 것을 멈추게 해 늙지 않고 목숨을 연장시키기를 바라기 때문이다.

중국 당나라 때의 시인 이태백(李太白)은 죽음에 앞서 '임종가(臨終歌)'를 지었는데 한때 자신이 살아온 삶을 회고하는 부분에서 이렇게 노래했다.

> "남은 바람이 만세에 떨치련만, 부상(扶桑)을 노닐다 왼쪽 소매가 걸렸구나." 〈餘風激兮萬世 游扶桑兮掛左袂〉(『李太白詩集』)

자신의 문학활동으로 세상에 막대한 영향과 감동을 주고자 했는데 그렇지 못한 아쉬움을 이렇게 묘사했던 것인데, 해 뜨는 '부상(扶桑)' 에 올라가 놀다가 왼쪽 옷소매가 걸려 '이제 날갯죽지가 꺾이고 말았으니 어찌할 도리가 없지 않은가.' 하고 한탄을 하고 있는 것이다.

이렇듯 본래 신화 속에서 생겨난 '부상(扶桑)' 이란 낱말이 여러 시인들의 작품 속에 자주 등장함은 '태양이 떠오르는 곳' 이란 상징적 의미가 시어로서의 강한 매력을 느끼게 한 요인이라 그렇게 작용한 결과로 보인다.

우도동굴이 밀집되어 있는 검멀레 해안을 끼고 있는 마을을 두고 '영일동(迎日洞)' 이라 부른다. '떠오르는 해를 맞이하는 동네' 란 뜻이다. 또한 '아침에 떠오르는 해가 제일 먼저 비추는 마을' 이라 하여 '조일리(朝日里)' 라 함도 퍽 이채롭다. 또 예로부터 이곳 해안암벽을 두고 새벽을 여는 문이라는 뜻의 '신문(晨門)' 이라 칭하기도 했다. 우도의 바다동굴로 가기 위해선 반드시 거쳐 가야 하는 곳, 곧 '우도(牛島)의 부상(扶桑)' 인 셈이다.

(11) 繁珠凝露濺輕濕(번주응로천경습)

- 흩어진 물방울, 이슬 맺혀 물기 촉촉한데

이제 본격적으로 우도의 바다동굴 안으로 들어가 살펴볼 차례다.

천장마다 무수한 물방울들이 이슬이 되어 엉기면서 구슬방울처럼 점점이 맺혀 있다. 가끔 이들 물방울이 똑똑 떨어지면서 약간 습한 물기로 동굴 안을 촉촉이 적셔온다.

(12) 壺中瑤碧躔列星(호중요벽전열성)

- 호중(壺中) 별천지의 푸른 구슬, 별자리를 심어놓다

'호중(壺中)' 은 마치 호리병 모양의 속을 연상하리만치 둥그런 동굴 안의 별세계를 두고 이름이다.

'호중(壺中)' 은 본래 호중천(壺中天)이다. 이와 관련된 고사가 『신선전(神仙傳)』에 전한다. 그 내용은 대강 이렇다.

"여남(汝南)의 비장방(費長房)이 시연(市掾)이라는 벼슬을 할 때, 홀연히 멀리서 호공(壺公)이 나타나 시장으로 들어가 약을 파는 곳을 보았는데 사람들이 그를 알아보지 못하였다.

호공(壺公)은 항상 하나의 빈 병[壺]을 그 머리 위에 매달아 놓고 앉아 있었다. 해가 지고 나서 호공이 훌쩍 뛰어올라 그 속으로 들어가고 나면 사람들은 그의 소재를 알 수 없었다. 오직 비장방(費長房)만이 누대에서 그를 보았고, 그가 보통사람이 아님을 알게 되었다.…" 〈汝南費長房爲市掾時忽見公從遠方來入市賣藥人莫識之 常懸一空壺於坐上日入之後公輒轉足跳入壺中人莫知所在唯長房於樓上見之知其非常人也…〉(晋 葛洪 撰, 『神仙傳』)

호중천(壺中天) 별세계의 고사

결국 호공(壺公)은 '호중신선(壺中神仙)'이었던 셈이다. 계속 이어지는 이야기 속에는 비장방이 호공을 따라 병 속 별천지의 세계를 다녀온 기록이 신비롭게 펼쳐진다.

한편 '요벽(瑤碧)' 은 푸른 빛깔의 옥으로서 『산해경(山海經)』에는 옥야(沃野)와 화산(和山)이라는 곳에서 난다고 기록되어 있다. 그 책 「대황서경(大荒西經)」편의 내용을 옮겨보면 다음과 같다.

"서쪽에 왕모산 · 학산 · 해산이 있다. 옥국이 있는데 옥민이 여기에 산다. 옥야에서는 봉새의 알을 먹고 단 이슬을 마신다. (그리고) 원하는 바의 온갖 맛이 다 갖추어져 있다. 여기에는 …요벽(瑤碧)이 있고, 은과 철이 많이 난다. 난새가 절로 노래 부르고 봉새가 절로 춤추며 여기에 온갖 짐승이 서로 무리지어 사는데 이곳을 옥야라고 한다." 〈西有王母之山壑山海山有沃之國沃民是處沃之野鳳鳥之卵是食甘露是飮凡其所欲其味盡存爰有…瑤碧…多銀鐵鸞鳳自歌鳳鳥自舞爰有百獸相羣是處是謂沃之也〉(『山海經』「大荒西經」)

또한 같은 책 「중차삼경(中次三經)」에는 '요벽(瑤碧)' 이 '화산(和山)' 에서 많이 난다고 하면서 다음과 같이 기록하고 있다.

"다시 동쪽으로 20리를 가면 화산(和山)이라고 한다. 이 산에는 초목이 자라지 않으나 요벽(瑤碧)이 많은데, 이곳은 하지

구도(河之九都)이다. 이 산은 다섯 굽이로 되어 있는데, 아홉 개의 강이 이 산에서 흘러나와 합쳐져서 북쪽으로 흘러 황하(黃河)로 흘러들어가며, 이 강들에는 푸른 옥이 많다. 길신(吉神) 태봉(泰逢)이 이 산을 지키고 있는데, 그 모습은 사람 같으나 호랑이 꼬리가 달려 있고, 종종 부산(萯山)의 양지바른 곳에 머물며, 이 신이 드나들 때에는 빛이 난다. 태봉의 신기는 천지의 기를 움직인다."〈又東二十里曰和山其上無草木而多瑤碧實惟河之九都是山也五曲九水出焉合而北流注于河其中多蒼玉吉神泰逢司之其狀如人而虎尾是好居于萯山之陽出入有光泰逢神動天地氣也〉(『山海經』「中次三經」)

한편 16세기 말, 제주를 찾아왔다가 우도의 동굴을 직접 답사한 후 글을 남긴 백호(白湖) 임제(林悌)는 당시의 동굴 안의 분위기를 그의 『남명소승(南冥小乘)』에서 이렇게 서술하고 있다.

"(동굴 안에서) 위로 쳐다보니 하얀 자갈들이 달처럼 둥글둥글하여 어렴풋이 광채가 났으며, 또한 사발도 같고 술잔도 같으며 오리알도 같고 탄환(彈丸)도 같은 것이 하늘의 별처럼 박혀 있었다. 대개 온통 굴이 검푸르기 때문에 흰 돌이 별이나 달과 같은 모양으로 보이는 것이었나."〈仰見白石團團如月而微有芒耀又如椀如杯如鵝卵如彈丸者錯落如星斗皆渾窟青蒼

故白石得爲星月之狀也〉(林悌, 『南溟小乘』)

우도의 바다동굴 가운데 '주간명월(晝間明月)' 이라 불리는 수중동굴이 있다. 이곳은 항상 바닷물 속에 잠겨 있어 배를 타야만 그 안에 들어가 볼 수 있는데, 오전 11시쯤 햇빛이 바닷물에 반사되어 천장을 비출 때면 흡사 보름달이 둥그스름하게 솟아난 모양을 연출하기에 '낮에도 뜨는 환한 보름달' 이란 의미로 붙여진 이름이다.

결국 이 시구에서는 동굴 천장에 이슬방울처럼 남아 있는 물방울과 기이한 돌들에서 발하는 푸른 구슬 같은 빛들이 마치 별자리를 심어놓은 것과 같이 찬란하게 빛남을 강조하고 있다.

(13) 瓊宮淵底不可見(경궁연저불가견)

- 옥 궁전 수궁(水宮) 속, 물 깊어 볼 수 없다

배를 타고 우도의 바다동굴 안으로 들어가 거기에서 내려다보는 바닷속은 그야말로 바닥이 안 보일 정도로 깊다. 그 시퍼런 물속 심연(深淵) 어딘가에 교룡(蛟龍)이 도사리고 있는 듯 '독룡잠처(毒龍潛處)' 란 표현이 실감이 간다. 작자는 이런 상황을 두고 '옥으로 된 수궁(水宮)이 있는 못' 이라 하여 '경궁연(瓊宮淵)' 이란 표현을 쓰면서도 못이 깊어 그 속을 헤아리기 어렵다고 술회하고 있다.

경궁(瓊宮)이란 옥으로 만든 화려한 궁전으로서, 그 옛날 폭군으로 유명한 주(紂)와 걸(桀)이 세운 사치스런 궁전을 떠올리게도 한다.

『후한서(後漢書)』「장형전(張衡傳)」에는 이런 문구(文句)가 있다.

> "천제(天帝)의 문지기를 불러 문고리를 열게 하고, 경궁(瓊宮)에서 천황(天皇)을 알현했네." 〈叫帝閽使闢扉兮 覿天皇于瓊宮〉(『後漢書』「張衡傳」)

여기에서는 천제가 거처하는 하늘나라의 궁전으로 경궁(瓊宮)이 묘사되고 있다. 용왕이 거처하는 수궁(水宮) 역시 그 화려함은 하늘나라 못지않을 것이기에 그렇게 표현했을 법하다.

(14) 有時隱隱窺窓欞(유시은은규창령)

- 때로 언뜻언뜻 그 창살만 어렴풋이 보이다

그 깊은 심연에 자리한 수궁의 모습이 전혀 보이지 않거늘 그 창살[窓欞]의 골격이나마 희미하게 보인다 함은 또 무슨 심사(心

思)일까? 아마도 물이 하도 맑아 속까지 다 비칠 것만 같은데도 물이 워낙 깊어 볼 수 없고, 그렇긴 하지만 그래도 무언가 보일 것 만 같은 착각 속에 '때로 언뜻언뜻 그 창살만 보이네(有時隱隱窺窓櫺).' 란 표현을 단 것으로 추정된다.

(15) 軒轅奏樂馮夷舞(헌원주악풍이무)

- 황제(黃帝) 헌원씨의 풍악에, 수신(水神) 풍이는 춤을 추다

여기에 등장하는 헌원(軒轅)이나 풍이(馮夷) 또한 중국의 신화 속에 등장하는 인물들이다.

먼저 황제(黃帝)인 '헌원(軒轅)' 에 대해 고찰해보자. 그에 대한 소개는 『사기(史記)』「오제본기(五帝本紀)」에 함축적으로 잘 담겨 있는데 그 내용은 다음과 같다.

> "황제(黃帝)는 유웅국(有熊國)의 임금 소전(少典)의 아들이다. 성은 공손(公孫)이고 이름은 헌원(軒轅)이다. 헌원은 나면서부터 신령스러웠고 백일이 못 되어 말을 할 수 있었으며 어릴 때부터 재지(才智)가 번뜩였다. 자라면서 동후·민첩했고 성장해서는 총명했다. 헌원이 성장했을 때는 신농씨(神農氏) 자손들의 덕이 쇠퇴해 제후들이 서로 침략함으로

써 백성들이 괴로움을 당했으나 신농씨로서는 그들을 평정할 능력이 없었다. 그래서 헌원은 전투하는 기술을 익혀 신농씨에게 조공(朝貢)하지 않는 제후들에게 트집을 잡아 그들을 징벌했다. 그 결과 제후들은 모두 헌원에게 복종하게 되었는데 오직 치우(蚩尤)만이 두드러지게 포학해서 헌원도 징벌할 수가 없었다. 이 무렵 염제신농(炎帝神農)씨의 자손인 천자(天子)가 제후를 침략하여 위력을 과시했으므로 제후들은 모두 헌원씨에게 귀복했다. 그래서 헌원씨는 덕을 닦고 군력을 정비하고, 목 · 화 · 토 · 금 · 수 오행의 기를 조화시켜 사계절의 기를 순하게 하고 오곡(五穀)을 심고 만민을 어루만져 사방을 안정시켰다. 또한 웅(熊) · 비(羆) · 비(貔) · 휴(貅) · 추(貙) · 호(虎) 등을 훈련시켜 염제신농씨의 후손인 천자와 판천(阪泉)의 야(野)에서 교전하여 세 번 싸워서 뜻을 이루었다. 그러나 치우(蚩尤)가 천하를 어지럽혀 황제(黃帝)의 명을 듣지 않았으므로 황제는 군사를 제후에게서 징집해 치우와 탁록(涿鹿)의 야(野)에서 싸워 드디어 치우를 잡아죽였다. 이래서 제후들이 모두 헌원씨를 높여서 천자(天子)로 삼았다. 헌원씨가 신농씨의 자손을 대신했다. 이 사람이 황제(黃帝)다."〈黃帝者少典之子姓公孫名曰軒轅生而神靈弱而能言幼而徇齊長而敦敏成而聰明軒轅之時神農氏世衰諸侯相侵伐暴虐百姓而神農氏弗能征於時軒轅乃習用

干戈以征不享諸侯咸來賓從而蚩尤最爲暴莫能伐炎帝欲侵陵諸侯諸侯咸歸軒轅軒轅乃修德振兵治五氣蓺五種撫萬民度四方教熊羆貔貅貙虎以與炎帝戰於阪泉之野三戰然後得其志蚩尤作亂不用帝命於時黃帝乃徵師諸侯與蚩尤於涿鹿之野遂禽殺蚩尤而諸侯咸尊軒轅爲天子代神農氏是爲黃帝〉(『史記』「五帝本紀」)

한편 『장자(莊子)』「천운(天運)」편에는 황제(黃帝)가 직접 지어 연주했다는 '함지(咸池)' 라는 음악에 대한 소개가 있다. 이 시에서 '헌원씨(軒轅氏)가 연주하는' 풍악 역시 바로 그 '함지' 라는 음악이 아닐까?

그리고 수신(水神)인 '풍이(馮夷)' 에 대한 기록은 『산해경(山海經)』에 실려 전한다. 거기에 이렇게 적혀 있다.

"종극연(從極淵)은 깊이가 300길인데 빙이(冰夷 = 馮夷)가 항상 거기에 살고 있다. 빙이는 사람의 얼굴에 두 마리의 용을 타고 있다. 혹은 충극연(忠極淵)이라고도 한다." 〈從極之淵深三百仞有冰夷恒都焉冰夷人面乘兩龍一曰忠極之淵〉(『山海經』「海內北經」)

한편 진(晋)나라 장화(張華)가 지은 『박물지(博物志)』에는 풍이(馮夷)에 대한 기록이 이렇게 전하고 있다.

> "풍이(馮夷)는 화음현(華陰縣) 동향(潼鄕)사람이다. 도를 터득하여 수선(水仙)이 되었다. 이가 곧 하백(河伯)이다. 도가 어찌 모두 같을 수 있겠는가. 선인(仙人)은 용이나 호랑이를 타고 다니고, 수신(水神)은 물고기나 용을 타고 다닌다. 그 행동은 황홀하여 만리(萬里)를 집안처럼 여긴다."〈馮夷華陰潼鄕人也得道成水仙是爲河伯豈道同哉仙人乘龍虎水神乘魚龍其行恍惚萬里如室〉(晋 · 張華, 『博物志』)

여기에서는 풍이(馮夷)가 처음부터 신이 아니었고, 어떤 한 사람이 도를 터득하여 수선(水仙)이 되었음을 서술하고 있는 대목이 있어 눈길을 끈다.

수신(水神)이자 수선(水仙)이었던 '풍이(馮夷)'는 일명 '하백(河伯)'이라는 이름으로도 불렸다. 하백은 대개 옛날 황하(黃河)의 물을 관장하는 수신(水神)으로서 방탕하고 풍유스러운 성격의 소유자였다고 이에 주석을 단 이들은 한결같이 주장한다. 어떤 전설에 의하면 중국의 전국시대에 하백에게 제사를 올리는 하백제(河伯祭)라는 것이 특별히 있었는데, 이때가 되면 하백에게 시집갈 어린 신부를 배에 태워 강 한가운데로 가서 건장한 남자들이 강물로 던진다고 한다. 일견 우리나라 고전작품 중 인당수로 팔려가는 심청의 스토리와 비슷하다. 또 다른 어느 전설에 의하면 바람을 피우려고 백룡(白龍)으로 화했던 하백이 예(羿)가 쏜 화살에 맞아 한쪽 눈을 상실했다고 전해지기도 한다.

이런 신화 속의 이야기를 시어로 엮어 한 편의 대서사시와 같은 작품을 이룬 게 다름 아닌 굴원(屈原)의 『초사(楚辭)』이다. 여기의 「구가(九歌)」 '하백(河伯)' 편의 내용에서 그런 수신 하백의 화려한 생활상을 어느 정도 가늠해 볼 수 있기도 하다.

"비늘로 엮은 지붕과 용 무늬의 전당
보랏빛 조개문에 진주로 장식한 방
이것이 하백의 궁전이라네.
흰 자라 타고 물고기를 따르며
아름다운 선녀와 하주(河州)에서 노닐고
넘실대는 물결 힘차게 흐르네."

〈魚鱗屋兮龍堂　紫貝闕兮朱宮
靈何爲兮水中　乘白黿兮逐文魚
與汝遊兮河之渚　流澌紛兮將來下〉

(屈原, 『楚辭』「九歌 - '河伯'」)

그런데 '풍이(馮夷)로 하여금 춤을 추도록 한다'는 표현은 예로부터 시인들이 선호하며 유행했던 상용구와 같은 표현이 아닌가 여겨질 정도로 여러 작품에서 자주 눈에 띈다.

이를테면 굴원(屈原)의 『초사(楚辭)』「원유(遠遊)」편 중에 "상수(湘水)의 신령으로 하여금 비파를 뜯게 하고, 해약(海若)으로 하여금 빙이(憑夷 = 馮夷)를 춤추게 하네(使湘靈鼓瑟兮 令海若舞憑夷)."라는 표현이 있는가 하면, 사마천의 『사기(史記)』「사마상여전(司馬相如傳)」의 '대인부(大人賦)'에는 "여와(女媧)에게 거문고를 뜯게 하고, 풍이(馮夷)에게 춤을 추게 한다(使靈媧鼓瑟而舞馮夷)."는 구절이 나온다. 아마도 풍류를 좋아했던 하백(河伯)이기에 그런 표현이 더 적합했을 것이리라.

한편 『후한서(後漢書)』「장형전(張衡傳)」에는 "풍이 신 불러내어 파도를 잠재우고, 용의 배 노 저어 나를 건너게 하네(號馮夷俾清津兮櫂龍舟以濟予)."라고 해서 파도를 잠잠하게 만드는 역할을 주문하는 표현도 보인다. 소동파(蘇東坡)는 그의 유명한 「후적벽부(後赤壁賦)」에서 "수신(水神)의 그윽한 궁(宮)을 굽어보기도 하였다(俯馮夷之幽宮)."라고 술회했다.

어쨌든 먼 이역나라 신화 속의 이야기를 끌어들여 신비로운 동굴 안의 상황을 환상적으로 그려내고 있는 모습이 이 시의 한 특징이라 할 것이다. 그렇다면 어째서 작자는 이런 류(類)의 시를 쓰게 되었던 것일까?

이에 대해 뚜렷이 단서가 될 만한 기록이 없어 단정 짓기는 어렵지만, 아마도 유배지에서 느끼는 고독감과 더불어 한 치 앞도 가늠키 힘든, 자신이 처한 미래의 불투명한 운명에 직면해서 꿈속 장면과도 같은 환상적인 분위기를 설정함으로써 잠시나마 현실로부터 일탈하여 스스로 위안을 삼을 수 있다는 생각도 가졌을 법하리라. 그러면서 또 다른 한편으로는 자신의 처지가 마치 저 초(楚)나라 임금 회왕(懷王)의 눈 밖에 나서 방황하던 모습을 그린 굴원(屈原)의 작품세계에서처럼 자신도 어쩌면 그의 신세를 닮아, 어쩔 수 없이 그런 형태의 시작(詩作) 경향을 좇게 되었던 것은 아니었을까? 이 시를 찬찬히 음미하면서 잠시 시상을 떠올려 생각해보노라면 작품 여러 군데에서 굴원(屈原)의 『초사(楚辭)』에서 얻은 영감과 그 강렬한 반향에서 기인한다고 보이는 표현들과 쉽게 맞닥뜨리게 됨을 확인하게 된다.

(16) 玉簫窈窱來青冥(옥소교조래청명)

- 그윽한 옥퉁소 소리, 먼 하늘에서 들려오다

동굴 속 어디에선가 들려온는 듯한 한 가닥 가는 피리소리는 저 먼 하늘나라에서 울려나오는 옥퉁소 소리처럼 다가온다. 옥퉁소 소리의 청명함과 청징(淸澄)한 바다궁전의 신비로움은 천상의 푸른 하늘로 자연스레 이어진다. 실로 지상(地上)과 수중(水中), 그리고 천상(天上)의 3차원의 공간을 넘나들며 시·청각적 신비로움의 극치를 보여주고 있다.

'교조(峣嶕)'란 낱말은 보통 아주 먼 곳에서부터 아늑하게 다가옴을 빗대어 표현할 때의 '그윽하게'란 의미이다. 후한(後漢) 시대 장형(張衡)의 「서경부(西京賦)」에 "아득히 먼 길을 바라보니, 언제 또 돌아올지 묘연하네(望峣嶕以徑廷 眇不知其所返)."란 구절이 보이는데, 그 '교조(峣嶕)'의 용례가 바로 그렇다.

한편 '청명(青冥)'은 청천(青天)과 같은 의미로서 옥소(玉簫) 소리의 청아함과 시청각적으로 조응(照應)하도록 설정된 느낌이 든다. 앞서 소개된 경궁연(瓊宮淵)과 더불어 동굴 안이 온통 푸른 빛깔로 넘쳐나면서 그 신비로운 정경을 더 한층 강조하는 듯하다.

(17) 宛虹飮海垂長尾(완홍음해수장미)

- 휘어진 무지개, 바닷물 마시느라 긴 꼬리 드리우다

공중에 떠있는 물방울들이 햇빛을 받아 나타나는 일곱 빛깔의 무지개! 우도 동굴에서 바라보면 바로 바나 쪽에 길처 있다. 길게 늘어뜨린 반원형의 곡선이 바다로 이어짐은, 시인의 눈에는 바닷

우도 고래콧구멍동굴과 인접한 곳에 위치한 무지개 암벽

물을 마시려고 길게 꼬리를 드리운 모습으로 비쳐졌나 보다.

'완홍(宛虹)' 이란 활처럼 휘어진 형태의 무지개란 의미로 쓰인 말이다. 사마천의 『사기(史記』「사마상여전(司馬相如傳)」의 내용 중 '대인부(大人賦)' 에 "유성(流星)은 궁전의 문틈으로 사라지고, 휘어진 무지개는 난간에 걸려 있네(奔星更於閨闥 宛虹拖於楯軒)." 라는 문구 가운데, 그 '완홍(宛虹)' 이 바로 이것과 상통한다.

한편 우도의 바다동굴 쪽에는 무지개 바위라 불릴 만큼 휘어진 특이한 지형구조로 된 암석이 실재한다. 가운데 부분이 뚫려 있어 작은 배 한 척쯤은 그 공간을 여유롭게 통과할 수도 있다. 아마도 작자가 이곳의 특이한 이런 지형구조를 염두에 두어 자연스레 시상을 펼쳤을 수도 있으리라 짐작된다.

(18) 麤鵬戲鶴飄翅翎(추붕희학표시령)

- 거친 대붕새, 학을 희롱하며 날갯짓 퍼덕이다

대붕(大鵬)새는 전설적인 새로서 『장자(莊子)』「소요유(逍遙

遊)」편 첫머리에 나온다.

"북극 바다에 고기가 있는데 그 이름을 곤(鯤)이라 하였다. 곤의 길이가 몇 천 리나 되는지 알 수가 없었다. 그것이 변하여 새가 되면 그 이름을 붕(鵬)이라 하는데, 붕의 등도 길이가 몇 천 리나 되는지 알 수가 없었다. 붕이 떨치고 날아오르면 그 날개는 하늘에 드리운 구름과도 같았다. 이 새는 태풍이 불면 비로소 남극의 바다로 옮아갈 수 있게 된다. 남극 바다란 바로 천지(天池)인 것이다. 『제해(齊諧)』라는 책은 괴상한 일들을 기록한 것이다. 『제해』의 기록에 '붕이 남극 바다로 옮아갈 적에는 물을 쳐서 삼천 리나 튀게 하고, 빙빙 돌며 회오리바람을 타고 9만 리나 올라가며, 6개월을 날아가서야 쉬게 된다.' 고 하였다." 〈北冥有魚其名爲鯤鯤之大不知其幾千里也化而爲鳥其名爲鵬鵬之背不知其幾千里也怒而飛其翼若垂天之雲是鳥也海運則將徙於南冥南冥者天池也齊諧者志怪者也諧之言曰鵬之徙於南冥也水擊三千里摶扶搖而上者九萬里去以六月息者也〉(『莊子』「逍遙遊」)

물길을 차고 높이 날아올라 순식간에 먼 거리를 이동하는 '곤붕(鯤鵬)' 의 신화는 본래 『열자(列子)』「탕문(湯問)」편의 이야기(*앞의 '瀛洲東頭鰲抃傾' 의 해설 참조)인데, 장자(莊子)가 이를 인용하면서 세인(世人)들에게는 그의 이야기처럼 알려져 있기도 하다.

한편 중국 당나라 때의 시인 이태백(李太白)은 자신의 젊은 시절 20대 중반에 「대붕부(大鵬賦)」를 지어 세인들을 놀라게 했을 뿐만 아니라, 임종을 앞둔 마지막 시편에서 이렇게 노래하기도 했다.

> 대붕(大鵬)이 날아서 세상 끝까지 뒤흔들다,
> 중천(中天)에서 꺾이니 힘이 모자라는구나.
> 남은 바람이 만세에 떨치련만
> 부상(扶桑)을 노닐다 왼쪽 소매가 걸렸구나.
> 후인들이 이 소식을 들어 퍼뜨리면
> 공자(孔子)가 없으니 누가 눈물을 흘릴까.
>
> 大鵬飛兮振八裔　中天摧兮力不濟
> 餘風激兮萬世　遊扶桑兮掛左袂
> 後人得之傳此　仲尼亡乎誰爲出涕
>
> \- 李白, 「臨終歌」

그러면 시인들이 이처럼 '대붕(大鵬)'과 같은 전설적 표현을 시어(詩語)로 즐겨 채택하게 되는 요인은 어디에 있는 것일까? 물론 여기에는 시인 각자 나름의 취향에서 기인하는 여러 요소들이 있겠지만, 무엇보다도 이들 단어들이 갖는 깊은 함의(含意)와 풍부한 상상력을 자극시킬 수 있는 요소들이 목표하는 주제에 보다 용이하게 접근시켜준다는 매력도 그들 요인 가운데 하나일 것이라고 생각한다.

그런데 이 대붕(大鵬)의 성격은 본래 성질이 좀 고약한 것으로 알려져 있다. 이 시에서도 역시 학을 희롱하며 날갯짓을 퍼덕이는 모습으로 그려내고 있다. 여기서 '추붕(麤鵬)' 은 '큰 붕새' 이기도 하지만 성질이 '거친 대붕새' 로 풀어볼 수도 있다. 본래 '추(麤)' 란 글자에는 '크다' 라는 뜻과 '거칠다' 라는 뜻이 함께 들어있다. 또한 '표시령(飄翅翎)' 에서 '시령(翅翎)' 은 날갯짓이요, 여기에 회오리바람을 뜻하는 표(飄)가 붙어 '날갯짓 퍼덕임' 을 나타낸다.

(19) 曉珠明定塵區黑(효주명정진구흑)

- 영롱한 샛별 밝게 빛나건만, 진세는 아직도 깜깜밤중

여명(黎明)이 시작되기 전에 어둠은 더욱 짙게 깔리는 법! 시상(詩想)의 전개가 다시 새벽으로 바뀌면서 진세(塵世: *본래 티끌세상)의 어두움을 샛별의 빛남과 대비를 시키면서 강조하고 있다.

이는 다음에 이어지는 '촉룡(燭龍)'의 이미지와 결부되어 그것의 신비로움을 더욱 부각시키는 효과를 자아내게 하는 시도로 보인다.

(20) 燭龍爛燁雙眼靑(촉룡난엽쌍안청)
- 촉룡(燭龍)의 부릅뜬 두 눈에서 푸른 기운 뻗치다

촉룡(燭龍)은 밝음과 어두움을 주재하는 신이다. 『산해경(山海經)』에는 「해외북경(海外北經)」과 「대황북경(大荒北經)」의 두 군데에 '촉룡'에 대한 기록이 전해지고 있다. 그 내용은 이렇다.

> "종산(鍾山)의 신은 이름을 촉음(燭陰)이라고 한다. [촉음이] 눈을 뜨면 낮이 되고 눈을 감으면 밤이 된다. 입김을 세게 내불면 겨울이 되고 천천히 내쉬면 여름이 된다. [물을] 마시지도 [음식을] 먹지도 않으며 숨도 쉬지 않는데 숨을 쉬면 바람이 된다. 몸길이가 1000리이고 무계(無䏿)의 동쪽에 있다. 그 생김새는 사람의 얼굴에 뱀의 몸을 하고 붉은빛이며 종산(鍾山)의 기슭에 산다." 〈鍾山之神名曰燭陰視爲晝瞑爲夜吹爲冬呼爲夏不飮不食不息息爲風身長千里在無䏿之東其爲物人面蛇身赤色居鍾山下〉(『山海經』「海外北經」)

"서북해의 바깥, 적수(赤水)의 북쪽에 장미산(章尾山)이 있다. 신(神)이 있는데 사람의 얼굴에 뱀의 몸을 하고 있으며 [온몸이] 붉다. 그는 눈을 치켜 뜨고 있으며 [몸을] 곧추세우고 있다. 그가 눈을 감으면 어둠이 오고 눈을 뜨면 밝아진다. 그는 먹지도 않고 [누워서] 잠자지도 않고 [잠시라도 자세를 흩뜨려서] 쉬는 법이 없다. 바람과 비는 그가 불어내는 것이다. 그는 구음(九陰)을 비추고 있는데 그를 촉룡(燭龍)이라 한다."〈西北海之外赤水之北有章尾山有神人面蛇身而赤直目正乘其瞑乃晦其視乃明不食不寢不息風雨是謁是燭九陰是謂燭龍〉(『山海經』「大荒北經」)

이렇듯 촉룡(燭龍)을 촉음(燭陰)이라고 불렀던 것으로 보아 이름 그대로 어두움을 밝힌다는 뜻을 지닌 신(神)임을 짐작할 수 있다. 『산해경(山海經)』이라는 책에서의 출전이 공통적으로 북쪽 지방과 관련이 많은 것은 아무래도 그쪽이 다른 지역에 비해서 더 어둡기 때문일 것이다.

굴원(屈原)의 『초사(楚辭)』「천문(天問)」편에는 "해가 이르지 않는 곳이 없는데 촉룡(燭龍)이 어찌 비치리(日安不到 燭龍何照)."라 했는가 하면, 『후한서(後漢書)』「장형전(張衡傳)」에는 "촉룡(燭龍)을 불러내어 횃불 잡아 불 밝히게 하고, 종산(鍾山)을 지나다가 도중에 잠시 휴식을 취하리라(速燭龍令執炬兮過鍾山

而中休).”라고 했다. 여기서도 역시 어둠을 밝히는 역할이 촉룡에게 주어지고 있는 셈이다.

『산해경(山海經)』에 실린 촉룡(燭龍)

촉룡의 모습은 본래 사람의 얼굴에 뱀 모양을 하고 있기에 그 비늘에 반사되어 번뜩이는 모습 또한 찬란하다. 이 시에서 작자는 '난엽(爛燁)' 이라는 어휘를 선택하여 '번쩍번쩍 빛남' 이란 의미로 그 신비감을 촉발시키고 있다. 그러면서 두 눈에서 발산되는 광채는 푸른빛의 안광(眼光)을 설정하면서 신화 속 촉룡 본래의 성격을 잘 살려내고 있음을 볼 수 있다.

앞의 구에서는 샛별이 반짝이면서도 아직 채 날이 새지 않아 칠흑 같은 어둠 속에 싸인 진세(塵世)였다면 여기서는 바로 어둠을 뚫고 촉룡이 내뿜는 푸른빛의 안광 속에 더욱 황홀한 신비감을 자아내게 한다.

(21) 驂虯踏鯶多娉婷(참규답혼다병정)

- 용이 끄는 수레 타고 잉어 밟고 놂이 하도나 아름답다

참으로 신비로우면서도 환상적이다. 여기서 '참규(驂虯)' 와 '답혼(踏鯶)' 은 두 가지로 떼어내어 생각할 수 있다. 즉, 앞의 것은 '뿔 없는 용이 끄는 수레에 올라타서 노는 놀이' 요, 뒤의 것은 '잉어 밟고(혹은 타고) 노는 놀이' 로서 모두 하백(河伯)과 같은 수신(水神)의 풍류 즐김을 연상시킨다.

답혼(踏鯶)의 모습(잉어를 탄 금고): 신선 금고기 제자들과 작별한 후 잉어를 타고 떠나는 광경 - 明 李在의『琴高乘鯉圖』

참고로 '참(驂)' 이란 글자는 본래 세 필의 말을 상징하는데, 보통 한 수레에 세 필의 말이 있을 때 앞의 나란히 세운 두 필의 말 뒤에 한 필을 곁말로서 멍에를 지우기도 한다. 또 여러 말이 끄는 수레의 경우에는 가장 바깥쪽에 있는 곁말을 두고 참마(驂馬)라고 알려져 있다. 여기에 '규(虯)' 는 뿔이 없는 어린 용을 일컫기도 한다. 결국 '참규(驂虯)' 란, 말[馬] 대신에 용(龍)이 끄는 수레를 의미한다.

한편 여기 '답혼(踏鱓)의 '혼(鱓)'은 '리(鯉)'와 같은 자로서 본래 잉어를 뜻하는 글자이다. 명(明)나라 이재(李在)의 그림 중에 「금고승리도(琴高乘鯉圖)」가 있는데 금고(琴高)라는 신선이 잉어를 타고 강을 건너는 모습이 담겨 있다. 그리고 '병정(娉婷)'이란 '예쁜 모양'을 두고 이름이다. 용이 끄는 수레에 올라타고, 잉어 등을 밟고 천하를 주유(周遊)함이 상상만 해도 아름답다 못해 신비롭기까지 하다.

굴원(屈原)의 『초사(楚辭)』「구가(九歌) - '하백(河伯)'」에는 '두 용을 멍에 하여 뿔 없는 용이 끌게 하네(駕兩龍兮驂螭)'라는 구절이 있다. 여기서 '참이(驂螭)'는 '참규(驂虯)'와 같은 의미로서 모두 '뿔 없는 용을 참마(驂馬)로 씀'의 표현이다.

한편 허균(許筠)의 『성소부부고(惺所覆瓿藁)』「교산억기시(蛟山臆記詩)」의 '해산선몽요(海山仙夢謠)'의 시구 가운데 '鞭龍踏鱓多娉婷(편룡답혼다병정)'이 있는데, 어쩌면 이 표현이 김정(金淨)의 「우도가(牛島歌)」에서 이 부분을 차용한 느낌이 강하게 들기도 한다.

두 마리의 용이 끄는 수레를 타고서, 혹은 널따란 잉어의 등을 밟고서 신비로운 바다동굴 속을 맘껏 돌아다녀 봄은 마치 신비한 우주공간을 날아다니는 한 편의 공상영화 속의 장면을 연상시키기에 그 느낌이 얼마나 아름답고 황홀할 것인가는 생각만 해도 가히 짐작이 간다.

(22) 天吳九首行竛竮(천오구수행령병)

- 머리 아홉 달린 천오(天吳)가 비틀대며 가다

천오(天吳) 역시 중국의 신화 속에 등장하는 수신(水神)이다. 『산해경(山海經)』의 「해외동경(海外東經)」과 「대황동경(大荒東經)」에 '천오(天吳)' 에 대한 기록이 전한다. 그 내용은 이렇다.

> "조양지곡(朝陽之谷)[이 있는데 그 곳]의 신을 천오(天吳)라고 한다. 그는 강물을 다스리는데, '이 있는 곳[虫虫]' 의 북쪽의 두 물줄기 사이에서 살고 있다. 그의 짐승 같은 모습은 머리가 여덟 개 달렸는데 각각 사람의 얼굴을 하고 있으며, 여덟 개의 발과 여덟 개의 꼬리가 달려 있으며, 모두 푸르거나 누런 색을 하고 있다." 〈朝陽之谷神曰天吳是爲水伯在虫虫北兩水間其爲獸也八首人面八足八尾皆淸黃〉(『山海經』「海外東經」)

> "신인(神人)이 있는데 여덟 개의 머리에 사람의 얼굴, 호랑이의 몸에 꼬리가 열 개로 이름을 천오(天吳)라고 한다." 〈有神人八首人面虎身十尾名曰天吳〉(『山海經』「大荒東經」)

수신(水神) 천오(天吳)는 본래 머리가 여덟이다. 그런데 인상적인 상투어로 '천오구수(天吳九首)' 라 일컫는 것으로 보인다. 혹

천오구수(天吳九首)의 모습 - 『山海經』

시 공공(共工)의 신하 '상류(相柳)'가 뱀의 몸에 아홉 개의 머리를 달고 있어서 그것을 천오(天吳)와 혼동해서 그렇게 불렸던 것인지도 모른다.

한 가지 흥미로운 사실이 있다. 조선 숙종 때의 명신 허목(許穆)이 삼척(三陟) 부사(府使)로 있을 때, 바닷물이 자주 밀려들어와 백성들의 피해가 커지자 「동해송(東海頌)」이라는 글을 지어 비석에 새겨놓았다. 그랬더니 신기하게도 기세가 사납던 바닷물이 잠잠해졌다고 한다. 거기에 바로 이런 대목이 실려 있다. "…머리 아홉인 천오(天吳)와 외발 달린 기(夔)는 태풍을 일으키고 비를 내린다…(天吳九首 怪夔一股 颷回且雨)"(許穆, 『眉叟記言』'第二十八卷 山川') 여기에 후세 사람 방산(舫山) 허훈(許薰)은 「미수선생동해비가(眉叟先生東海碑歌)」를 지어 이를 칭송하였던 바, 그 한 구에 이르기를 "해신을 송축하니 신이 고무되었고, 사나운 물결 거두어 쉬니 바다는 잔잔하여 연기보다 푸르구나(爲頌海神神鼓舞 獰波貼息碧於煙)."(許薰, 『舫山全集』)라 했는가 하면, 또 「동해비주(東海碑註)」에서는 특히 '천오구수(天吳九首)' 부분에 주석을 달길 "『산해경(山海經)』에 말하였기를, '조양곡(朝陽谷)에 신이 있으니 천오(天吳)라고 한다. 이

것이 수백(水伯)이 되는데 범의 몸에 사람의 낯을 하였으며 머리가 여덟, 발이 여덟, 꼬리가 여덟이며, 푸르고 누른 빛을 띠고 있다.' 라고 하였다. 이제 머리가 아홉이라고 한 것은 아마 잘못일 것이다." 〈山海經云朝陽谷有神曰天吳爲水伯虎身人面八首八足青黃色今云九首恐誤〉(許薰, 『舫山全集』)라 했다.

우도 바다동굴 속의 판타지를 연상시키는 신비로운 장면들이 연달아 펼쳐지면서 극치를 달리고 있다. 머리 아홉 달린 천오(天吳)라는 괴물 신이 여러 개의 머리가 달려 몸이 무거운지 어슬렁대며 걷는 모습이 '행령병(行竛竮)' 이란 시어로 절묘하게 표현되고 있다.

(23) 幽沈水府囚百靈(유침수부수백령)

- 물속 깊고 그윽한 궁전에 온갖 바다영령들 가둬놓다

잠시 환상의 나래를 펴던 상황을 접고, 다시 동굴 속 현실로 돌아와 시상을 펼친다. 바닷속 그윽한 곳에 대한 생각이 환상에서 현실로 돌아옴은 앞의 '경궁(瓊宮)' 이란 표현이 이곳에서는 '수부(水府)' 란 의미로 전환된 상태에서 어느 정도 직감할 수 있게 한다.

그리고 그 물속 깊은 곳에는 온갖 바다 영령들이 다 가둬진 상태로 있다고 보는 것이다. 이는 다음의 '邪鱗頑甲毒風腥(사린완갑독풍성)' 이란 표현을 자연스레 이끌어내게 한다.

(24) 邪鱗頑甲毒風腥(사린완갑독풍성)

- 고약한 물고기들, 딱딱한 조개들이 독한 비린내 풍겨내다

바닷속의 온갖 고약한 물고기들과 조개와 같이 딱딱한 껍질을 지닌 다양한 갑각류(甲殼類)에서 독한 비린내가 풍겨 나온다. 앞에서의 시상전개가 시각적 · 청각적 감각에만 머물렀다면 이제는 그야말로 코를 자극하는 후각까지 끌어들임으로써 전방위의 입체적인 표현을 시도하고 있음이 보인다.

한 가지 흥미로운 대안은, '어패(魚貝)' 와 '인갑(鱗甲)' 을 동일선상에 놓아 굴원(屈原)의 표현과 이 부분을 비교해보는 일이다. 즉, 그의 작품 『초사(楚辭)』「구가(九歌)」 중 '하백(河伯)' 을 노래한 부분에서 하백이 거처하는 물속의 공간이 '어린옥(魚鱗屋)' 의 용당(龍堂)과 '자패궐(紫貝闕)' 의 주궁(朱宮)으로 지극히 미화되었다고 한다면, 이 시에서 작자는 '사린완갑(邪鱗頑甲)' 의 온갖 바다 영령들을 가둬놓은 수부(水府)로 표현하면서 일견 혐오의 눈길까지 보내고 있다는 점이다.

본래 이 부분 '邪鱗頑甲毒風腥(사린완갑독풍성)'의 구는 『충암선생집(冲庵先生集)』에만 실려 있고, 이 시를 처음 소개한 김상헌(金尙憲)의 『남사록(南槎錄)』을 비롯한 여러 사료들에는 한결같이 누락되어 있다. 즉, 이 「우도가」의 소개가 제주 향토사 관련 자료들 - 예컨대 이원진(李元鎭)의 『탐라지(耽羅志)』, 이명운(李明運)의 『증보탐라지(增補耽羅誌』, 이원조(李源祚)의 『탐라지초본(耽羅誌草本)』, 장인식(張寅植)의 『탐라지(耽羅誌)』, 김석익(金錫翼)의 『탐라지(耽羅誌)』 등 - 에서는 대부분 김상헌의 『남사록』의 표기와 거의 동일하게 나타나고 있다. 아마도 이 시를 처음 소개한 김상헌이 『남사록』에서 이 부분을 누락시키면서 그 이후의 대부분의 기록들이 이 영향을 받아 그렇게 나타난 현상이라고 짐작된다.

그렇다면 김상헌은 「우도가」를 소개하면서 왜 이 부분을 빠뜨린 것일까?

본래 이 시의 제목은 『충암선생집』에 '방생의 우도 이야기를 듣고 노래로 홍을 붙임(聞方生談牛島歌以寄興)'으로 되어 있다. 그런데 김상헌은 『남사록』에서 이 시를 소개하며 시 제목을 그저 단순히 「우도가(牛島歌)」라고만 줄여서 소개하고 있다. 그리고 시의 내용도 본래 7언 33구, 총 231자로 된 시인데 『남사록』에서는 한 구가 빠진 7언 32구, 총 224자로 소개하고 있다. 아마도 이 시가 4절의 칠언율시(七言律詩)의 형태를 띤 것으로 보아 그렇게 소개한 것이 아닌가 하고 추정해본다.

참고로 『충암선생집』과 『남사록』에 소개된 「우도가」의 시어 중 그 표기가 다른 글자들을 모아보면 다음과 같다.(* 앞의 자는 『冲庵先生集』, 뒤의 자는 『南槎錄』에 실린 「牛島歌」의 표기임)

※ 7구: 噬(서) → 嚙(교), 14구: 櫺(령) → 欞(령), 17구: 宛(완) → 完(완), 21구: 虯(규) → 蚪(두), 24구: 邪鱗頑甲毒風腥(사린완갑독풍성) → 1구 전부 누락됨, 25구: 太(태) → 大(대), 26구: 蹟(적) → 跡(적), 29구: 怪(괴) → 蛟(교), 30구: 咽(열) → 湧(용)

이 가운데 14구(櫺, 欞)와 26구(蹟, 跡), 두 군데의 표기는 본래 통용되는 자이고, 나머지는 모두 뜻이 다른 글자가 씌어 있다. 더구나 이 시의 24구인 '邪鱗頑甲毒風腥(사린완갑독풍성)'의 일곱 자 모두 『남사록』에는 누락되어 있는 상태이다.

한편 김상헌(金尙憲)은 『남사록(南槎錄)』에서 자신이 지은 칠언율시(七言律詩) 「우도(牛島)」라는 시를 통해, 어사로 제주에 내려오기 전부터 이미 「우도가」를 읽어서 그 내용을 알고 있었다고 술회하기도 했다. 그 시의 내용은 이렇다.

曾讀冲庵七字詩　始聞瀛海閟瓌奇

當時每恨仙區隔　今日還爲颶母欺
咫尺勝遊知有數　平生壯觀更無期
淸都舊侶如相念　應許他年夢裡窺

일찍이 충암(冲庵)의 칠언시 '우도가'를 읽어서
비로소 영주(瀛洲) 바다 신비하고 괴기(傀奇)함을 알았네.
당시에는 매양 신선 사는 곳 가볼 수 없음을 한탄했는데
오늘은 도리어 회오리바람 나를 속임을 탓해야 하네.
가까운 경승지의 유람도 다 운수가 따라야 함을 알거늘
평생의 다시 못 볼 장관(壯觀) 언제 또 다시 볼까나.
하늘나라의 옛 벗님들이여! 부디 나를 생각한다면
다음에 꿈속에서라도 응당 다시 보게 해야 할 걸세.

(* 필자 졸역)

앞으로 이 부분에 대한 연구는 보다 심층적으로 천착해볼 만하다.

(25) 太陰之窟玄機停(태음지굴현기정)

- 태음(太陰)의 기운이 서린 굴에 현묘한 이치 머물다

본래 '태음(太陰)'이란 북쪽지방의 기운을 일컫는 말이다. 앞

서 어둠을 밝히는 '촉룡(燭龍)' 이 주로 북쪽지역에 사는 신(神)임을 상기한다면 '태음' 또한 촉룡과 어떤 연관성이 있을 법도 하다. 여기서는 동굴이 정태적(靜態的) 공간이란 측면에서 볼 때 지극한 음(陰)의 기운이 집적(集積)된 장소를 강조한 듯하다. 따라서 '태음(太陰)' 이란 음(陰)의 극치인 상태로 이해할 법하다. 그러기에 여기에는 늘 현묘한 이치[玄機]가 머무는 곳이라는 정의를 내리고 있는 것이다.

아마도 이 표현은 다음의 '仇池禹穴傳神蹟(구지우혈전신적)'의 이미지를 먼저 앞서서 이끄는 듯하다. 즉, '태음지굴' 과 다음의 '구지우혈' 은 서로 땅속 공간이란 공통적인 특성을 앞세우면서도 바로 이런 현묘한 이치가 머물기도 하고, 신의 자취가 남아 전해지는 곳이라는 이해로 옮아간다.

한편 허균(許筠)은 자신의 저서 『성소부부고(惺所覆瓿藁)』「몽해(夢解)」에서 '현기(玄機)' 가 발생함을 이렇게 설명하고 있다.

> "상념이 맑으면 마음과 정신이 저절로 밝아지며, 맑고 밝아지면 저절로 자연과 부합된다. 자연과 부합되면 일기(一氣)가 청허(淸虛)하고 현기(玄機)가 유동하여 다가오는 길흉화복이 마치 형체가 거울에 나타나는 것과 같아서 드러나지 않는 것이 없다. 그러므로 능히 추측하여 알 수 있는 것이니 이것이 몽점(夢占)이 생겨나게 된 까닭이다." 〈想與念澄則心與神自朗

澄朗則自合於天合於天則一氣淸虛玄機流動其吉凶休咎之來若形之現於鏡無不照了故能推測而知之此夢占之所以作也〉(許均,『惺所覆瓿藁』「夢解」)

즉, 꿈속에서 어떤 것을 추측할 수 있음은 심신이 청징(淸澄)하여 현기(玄機)가 흘러 움직이기 때문임을 강조하고 있다.

'현기(玄機)' 에서의 '기(機)' 란 바로 기틀이다. 장재(張載)는『정몽(正蒙)』「삼량(參兩」편에서 "모든 회전하는 사물은 운동에 있어 반드시 (내적) 기틀[機]이 있다(凡圜轉之物 動必有機)." 라고 했고, 왕필(王弼)의『노자주(老子注)』에 이르기를 "현(玄)이란 사물의 지극함이다(玄物之極也)." 라고 했다. 그렇다면 사물의 지극한 기틀이 곧 현기(玄機)인 셈이다.

곧 동굴은 지극한 기틀이 마련되어 머무는 공간이란 뜻이다.

이제 우도 동굴에서 잠시 또 중국의 회계산(會稽山) 꼭대기로 옮겨 우(禹) 임금의 유적인 동굴을 둘러볼 차례다.

(26) 仇池禹穴傳神蹟(구지우혈전신적)

- 구지산(仇池山), 우(禹) 임금의 무덤에선 신의 자취 전하는데

구지산(仇池山)은 중국 감숙성(甘肅省) 성현(成縣)의 서쪽에 있는 산의 이름이다. 예로부터 이곳에서는 괴석(怪石)이 많이 산출되어 수석(壽石) 애호가들로부터 많은 관심을 받는 곳이기도 하다.

일례로 송(宋)나라 때 소동파(蘇東坡)의 경우를 꼽을 수 있다. 그는 평소 '구지석(仇池石)' 이라 불리는 귀한 돌을 소장하고 있었는데, 어느 날 남쪽으로 가던 도중, 어떤 곳에서 아홉 개의 산봉우리를 이루고 있는 형상의 기이한 괴석을 마주하고서 '호중구화(壺中九華)' 라 이름 지어 붙이고는 그 괴석을 돈 백 냥을 주고서 구입하고자 했었다. 그런데 미처 겨를이 없어 나중에 그것을 구할 양으로 돌아서면서 시 한 수를 지어 그 아쉬운 마음을 달래기도 했다.(*그 후 8년이 지난 뒤 소동파가 그곳에 다시 가보니 이미 그 돌은 다른 호사가의 손에 넘어간 뒤였다.)

맑은 시내에 번개가 번뜩이매 구름 봉우리 사라지고
오히려 푸르른 빛깔이 하늘을 쓸어내는 듯 하매 꿈속에서도 놀란다.
다섯 재[嶺]에 숱한 멧부리가 둘러 있음을 근심치 마라.
구화산(九華山)이 지금 이 별천지[壺中]에 있으니
천지(天池)에 물이 떨어져 층층이 빛나고
옥녀(玉女)의 창이 밝아 곳곳에 통한다.
나를 생각하는 구지석(九池石)이 너무 외롭게 홀로 있어서

백 냥으로 푸르고 영롱한 것을 사갖고 돌아가리라.

清溪電轉失雲峯　夢裏猶驚翠掃空
五嶺莫愁千嶂外　九華今在一壺中
天池水落層層見　玉女窓明處處通
念我仇池太孤絶　百金歸買碧玲瓏

- 蘇東坡, 『墨莊漫錄』

한편 자신이 소장하고 있던 '구지석(仇池石)'에 대해선 세상에 드문 보배라고 말하면서 한 편의 애석시(愛石詩)를 이렇게 남겼다.

바다 돌이 주궁(珠宮)에 오니,
뛰어난 색깔은 미인의 눈썹처럼 검다.
언덕과 비탈은 한 자 남짓한 사이에서
완연하게 둘러 있는 능(陵)과 봉우리 흡족하다.
어여쁨은 이화정(二華頂) 꼭대기에까지 이어졌고
빈 구렁에는 띠[茅]가 서너 포기 났다.
처음에는 드높은 구지산(仇池山)의 축소판인가 의심했고,
또 신선 사는 영주산(瀛洲山)의 어그러신 모습인가 두려워도 했네…

海石來珠宮　秀色如蛾綠
坡跎尺寸間　宛轉陵巒足
連娟二華頂　空洞三茅腹
初疑仇池化　又恐瀛洲蹙
…
- 蘇東坡,『墨莊漫錄』

어쩌면 우도의 기암괴석이 빚어내는 해안 절경들이, 행여 소동파(蘇東坡)의 구지석(仇池石)을 연상케 했는지도 모른다.

한편 우혈(禹穴)이란 중국의 회계산(會稽山) 정상에 남아 있는 우(禹) 임금의 유적이다. 민간전설에는 회계산 정상의 뚫려진 구멍 속으로 우(禹)가 들어가 영원히 나오고 있지 않는다고도 한다.
역대 중국의 왕들 중 우(禹) 임금이야말로 치수사업(治水事業)을 달성한 위대한 임금으로 추앙되고 있기도 하다. 하(夏)나라를 일으켰기에 하우씨(夏禹氏)로 널리 알려져 있다. 주지하다시피 중국 대륙을 동서로 가로지르는 두 개의 큰 강이 바로 황하(黃河)와 양자강(揚子江)이다. 고대로부터 중국인들은 이 두 강의 범람에 의한 홍수피해로 늘 시달림을 많이 받아오곤 했는데, 중국인들에게 치수(治水)란 그 어떤 것보다 삶과 밀접한 관련을 맺는 일이었다. 그 치수사업을 잘 이뤄낸 왕이 바로 우(禹) 임금이었던 것이다.

물론 중국의 역사시대는 갑골문의 발견으로 인해 그 실체가 확인된 은(殷)나라로부터라고 여겨지고 있기 때문에 그 이전 시기인 하(夏)나라와 그 왕조의 임금인 우 임금에 대해서는 아직 실존 여부를 확인할 수 없긴 하지만 중국인들에게는 하나의 전설로서만이 아니라 역사의 실체로 받아들여지고 있고, 또한 그들을 홍수의 재앙에서 구해준 위대한 제왕이며 치수의 영웅으로서 우임금을 떠받들고 있는 것이다.

현재 회계산(會稽山) 정상에는 하우씨(夏禹氏)의 사당이 있고, 그 사당 옆에 굴이 하나 있는데 이것이 우혈(禹穴)이다. 이런 유적에 신의 자취가 남아 전하고 있다고 함은 당연한 귀결인지도 모른다.

(27) 惜許絕境訛圖經(석허절경와도경)

- 애석하게도 절경(絕境)이라 도경(圖經)엔 빠지다

이 구는 앞의 두 구의 내용을 이어받아 지어진 것으로 보인다. 즉, 태음의 기운이 서린 굴에는 현묘한 기운이 머물고 있고, 그래서 구지(仇池)나 우혈(禹穴) 같은 동굴 유적은 신의 자취가 여전히 남아 현재까지 전해지고 있건만 이곳 우도 동굴은 '절경(絕境)'이라, 즉 변방에 멀리 떨어져 있어서 아직 '도경(圖經)' 에선

본 기억이 없음을 두고 이렇게 한탄하고 있는 듯하다.

'절경(絶境)' 이란 본래 먼 변방에 위치한 곳이란 의미로서의 '절국(絶國)' 이다. 그의 「임절가(臨絶歌)」에서도 '절국' 이 시어로 등장한다. 가끔 빼어난 경치를 의미하는 말로의 '절경(絶景)' 과 발음이 같아 종종 그 의미가 와전되기도 한다.

한편 '도경(圖經)' 이란 지리서(地理書)가 흔치 않던 이전의 시대에, 그림(혹은 도판)으로 산수의 지세를 그려 관련 내용과 함께 소개한 책을 이른다. 예컨대 『고려도경(高麗圖經)』이란 책은 고려 인종 원년(1123)에 중국 송나라 사신 서긍(徐兢)이 고려에 와서 보고 들은 바를 그림과 글로 적어놓은 책인데, 이의 대표적인 경우라 할 것이다. 우도동굴은 역시 먼 곳에 떨어져 있는 절경이기에 별로 잘 알려져 있지 않았다. 아마도 작자는 유배차 제주에 오고 난 뒤에야 비로소 방생(方生)이란 이를 통해 우도에 관한 설명을 처음 접했고, 또한 그런 황홀한 정경을 머리 속으로 그려내며 이렇게 시상에 담아 표현했던 게 아니었나 짐작된다.(* 참고로 그림을 통한 우도동굴의 소개는 조선 숙종 28년(1702) 때 제주목사 이형상(李衡祥)이 남긴 『탐라순력도(耽羅巡歷圖)』에 '어룡굴(魚龍窟)' 이라 소개한 것이 처음으로서, 김정(金淨)이 「우도가」를 남긴 지 근 180여 년이 지난 뒤에 비로소 등장하는 셈이 된다. 그런 의미에서 『탐라순력도』 역시 '도경(圖經)' 의 하나로 간주될 법하다.)

(28) 蘭橈拏入攖神形(난요나입송신형)

- 조각배 노 저어 들어가니 심신(心身)이 쭈뼛하다

주간명월(晝間明月) 입구

'난요(蘭橈)' 는 '목란(木蘭)의 노' 로서 여기서는 조각배를 상징한다. 우도의 바다동굴 속으로 들어가기 위해서는 조그만 조각배가 아니고서는 도저히 불가능하다. 입구가 그리 넓지 않기 때문이다. 노를 저어 동굴 안으로 처음 들어서는 순간, 갑자기 숨이 막힐 듯하고 머리털이 솟고 등골이 오싹해짐을 느끼는가 하면 아연실색 몸이 굳어져옴을 실감나게 이렇게 표현한 것으로 보인다.

『동국여지승람(東國輿地勝覽)』「산천(山川)」조의 우도 동굴 관련 기록에는 이런 표현이 있다.

> "섬의 서남쪽에 구멍이 있는데, 작은 배 한 척을 들여놓을 만하고 조금 나아가면 배 오륙 척을 감출 만하다. 그 위에는 큰 돌이 집 같은데, 만약 햇빛이 떠서 비치면 별들이 찬연하게 벌려 있는 것 같고 기운이 심히 차고 냉하여 머리털이 쭈뼛한다. 세속에 이르기를 신기한 용이 잠겨 있는 곳이라 부른다."

주간명월(晝間明月) 내부에서 소리실험을 벌이는 필자

〈島之西南有竇可容一小船稍進則可藏船五六艘其上大石如屋若有日光浮耀星芒燦列氣甚寒凉毛髮竦然俗號神龍在處〉(『東國輿地勝覽』「濟州牧 - 山川」)

한편 여기서 '摐(송)' 이란 글자의 쓰임에 묘미가 돋보인다. 본래 이 글자는 집착하다(執), 밀어내다(推)의 뜻이기도 하지만 여기서는 두려워서(竦) 몸이 꼿꼿해짐을 의미한다. 즉, 신비로운 형태를 처음 마주하게 되자 매우 놀라는 기색을 보이는 형태다. 당나라 때 시인 두보(杜甫)는 「그림 속의 매(畵鷹)」란 시에서 이 '송(摐)' 자의 용례를 이렇게 선보이기도 했다.

흰 비단에 서릿바람이 일었나,
푸른 매 그림이 비범하다.
꼿꼿이 세운 몸은 날쌘 토끼를 잡으려는 듯,
흘긴 눈은 성낸 듯 동그란 눈의 원숭이

素練風霜起　蒼鷹畫作殊

攫身思狡兎　側目似愁胡

- 杜甫,「畵鷹」

시각적 감각이 상당히 예리한 필치를 휘두른 느낌이 들도록 그려내고 있다. 이 시에서 역시 '송(攫)' 이란 글자가 토끼를 노려보는 매의 옹골찬 기상을 표현하는 데 매우 적절하게 활용되고 있다.

한편 '신형(神形)' 은 '정신(精神)' 과 '형해(形骸)' 의 합성어로 보아 여기에서는 '심신(心身)' 을 뜻하는 의미로 해석했다. 결국 '송신형(攫神形)' 이란 '몸과 마음이 쭈뼛하다' 는 의미 정도로 이해한 것이다.

(29) 鐵笛吹裂老恠聽(철적취열노괴청)

- 날라리 소리 요란히 울려대니 늙은 용이 듣다

철적(鐵笛)은 '날라리' 라는 악기로서 농악을 연주할 때 유일하게 가락을 연주하는 악기이다. 일명 태평소(太平簫)라는 이름으로 불리기도 하는데, 음량이 대체적으로 크다. 웬만한 타악기 소리도 뚫고 들려올 정도로 음색 또한 개성적이다. '취열(吹裂)' 은 여기서 악기가 찢어질 정도로 세게 불어댐을 뜻하는 것으로 볼 수 있다.

아마도 작자는 우도동굴에서 시험 삼아 날라리라는 악기를 불어대는 모습을 상상하고 있는 듯하다. 노괴(老恠), 즉 늙은 괴물은 곧 동굴을 수호신처럼 지키던 늙은 용이다. 마침 이 소리를 듣고서는 가만히 있을 수가 없다. 이 부분은 자연스레 다음의 구와 연결된다. 즉, 물이 오열하고 구름이 갑자기 어두워짐은 바로 소리를 내어 잠자는 용을 깨운 데 대한 보복의 차원에서 용이 부린 심술이라 할 것이다.

한편 전해오는 속설에 의하면 우도와 마주 인접해 있는 제주 본섬의 오조포(吾照浦)라는 마을에서조차 개소리나 닭울음 소리가 나면 우도의 용이 심술을 부려 갑자기 대풍이 불기 시작한다는 속설이 있기도 하다. 얼마간 멀리 떨어진 곳에서의 소리에 대한 반응이 이럴진대, 하물며 동굴 안에서 그것도 악기가 찢어질 정도로 세차게 불어댔을 때 그 결과란 명약관화(明若觀火)하다.

(30) 水咽雲暝悄愁人(수열운명초수인)

- 물은 오열하고 구름 어두워져, 사람을 근심 속에 빠뜨리다

결국 용의 불편한 심기를 건드린 결과 물은 오열하고 구름은

갑자기 몰려들면서 사람을 초조케 하면서도 더욱 근심 속에 빠뜨린다.

이제까지 환상적인 놀이에 빠져 즐겁기만 하던 상황이 현실로 돌아오면서부터는 어쩔 수 없이 계속되는 자신의 현실적 운명을 받아들여야만 한다. 서둘러 우도의 동굴에서 빠져나와 다시 현실의 공간인 유배처로 돌아와야 한다. 아, 우도 동굴의 황홀함이여! 언제 다시 또 이곳을 찾아올 수 있으리.

(31) 歸來怳兮夢未醒(귀래황혜몽미성)

- 황홀하다, 돌아옴이여! 아직도 꿈속인 듯 몽롱하기만 하다

아, 황홀하구나. 정녕 나는 꿈을 꾸고 있었던 것일까? 장자(莊子)처럼 내가 한 마리의 나비가 되는 꿈을 꾸었던가? 그래서 내가 그 한 마리의 나비였었기에 이제까지 우도의 동굴을 맘껏 누비고 다닐 수 있었단 말인가, 아니면 그 나비가 바로 나라는 사람으로 환생해 그처럼 활개를 치며 다녔던 말인가〈不知周之夢爲胡蝶與胡蝶之夢爲周與〉(『莊子』「齊物論」). 아, 혼란스럽기만 하다. 비몽사몽(非夢似夢)이란 말이 바로 이런 나의 상황을 두고 이야기하는 말일 터이라.

아, '텅 빈 방은 한가롭기만 하다(虛室有餘閒)' 고 하였던가. 문

득 도연명(陶淵明)의 「귀거래사(歸去來辭)」가 떠올려짐은 어인 일인가.

種豆南山下　草盛豆苗稀
晨興理荒穢　帶月荷鋤歸
道狹草木長　夕露霑我衣
衣霑不足惜　但使願無違

- 陶淵明, 「歸去來辭」(其三)

남산 기슭에 콩을 심었으나, 풀만 무성하고 싹이 나지 않아
새벽에 일어나 거친 밭을 손질하고, 달과 더불어 호미 메고 돌아오노라.
밭길 좁고 나무 우거져, 밤이슬 옷깃을 적시지만
옷 젖는 것 아깝지 않고, 오직 농사 잘 되기만 바랄 뿐.

(32) 嗟我只道隔門限(차아지도격문한)

- 아, 난 다만 문이 막혀 있어 나갈 수 없다고 말해야 하나

마치 '현실은 엄연하게 받아들여만 하는 것임을 내 잘 아노라!' 는 작자의 고백이 하나의 절규처럼 메아리치는 듯하다.

위리안치(圍籬安置)된 처지에서, 생각만이 홀로 자유의 날개를 달아 맘껏 우도의 바다동굴을 유람한 뒤, 그래도 실낱같은 희망이 보인다면 "내 평생 전원으로 돌아가 농사만 짓다가 여생을 마치리라." 라는 생각도 한 번쯤 했음 직하다.

언제 한라산 정상에도 올라 망망대해를 바라보며 장부의 호탕한 기개를 멋진 시구에 담아 토해내 보려는 생각도 품었음 직하다.

생각할수록 만감이 교차하는 현실 속의 고통은 "아, 나는 단지 문이 막혀 있어 나갈 수가 없다오(嗟我只道隔門限)." 라는 말뿐이라니….

"그래서 나는 다음의 일구(一句)로써 우도 동굴로의 유람을 마칠까 하노라."

(33) 安得列叟乘風泠(안득열수승풍령)

- 어찌하면 열자(列子)처럼 맑은 바람 타고 맘껏 날아볼까

『장자(莊子)』「소요유(逍遙遊)」편에는 "열자가 바람을 타고 다니는데 두둥실 날렵하기만 하였다(夫列子御風而行泠然善也)." 라고 소개하고 있기도 하다. 걸어서는 문 밖으로 나갈 수 없는 바에야 차라리 우화등선(羽化登仙)하는 신선들처럼 현재의 삶의 공간을 훌쩍 뛰어넘고 싶은 간절한 마음이 여기에 오롯이 담겨 있다 할 것이다.

그래서 기회가 주어진다면 그 꿈에서나 보았던 우도의 바다 동굴도 한번 직접 찾아가 시상(詩想)의 가상공간과 현실과의 괴리가 얼마나 되는지 한 번쯤 확인해 보고 싶은 심사도 지녔으리라. 그래서 작자는 말한다.

"어찌하면 열자처럼 맑은 바람 타고 맘껏 날아볼 수 있을까?"

【추임새(感賞)】

◎ 김정(金淨)의 「우도가(牛島歌)」와 그의 작품세계

교산(蛟山) 허균(許筠: 1569~1618)은 그의 저서 『성소부부고(惺所覆瓿藁)』에 실린 「성수시화(惺叟詩話)」에서 김정(金淨)의 「우도가(牛島歌)」를 두고 이렇게 평하는 글을 남겼다.

> "그의 우도가(牛島歌)는 심오하고 황홀하며 미묘하기도 하고 드러나기도 하며 가진 재치를 다 부렸다. 그래서 신기재(申企齋)는 그를 추존(推尊)하여 장길(長吉)에게 견주었다." 〈其牛島歌眇冥惝怳或幽或顯極才人之致申企齋推以爲長吉之比也〉(許筠, 『惺所覆瓿藁』「惺叟詩話」)

우리에게 『홍길동전』의 저자로 익히 알려진 교산(蛟山) 허균(許筠)은 당대 한학자(漢學者)로서도 유명하다. 특히 한시(漢詩) 부분에선 시작(詩作)과 품평(品評) 양면에서 월등함이 세상에 널리 알려졌을 뿐만 아니라, 그가 남긴 시문집인 『성소부부고(惺所覆瓿藁)』란 책을 통해서도 이런 그의 위치를 확인할 수 있다.

그런데 그 책에 실린 「성수시화(惺叟詩話)」란 곧 신라의 최치원(崔致遠)으로부터 선조(宣祖)대의 백대붕(白大鵬)에 이르기까지 8백여 년에 걸친 시화(詩話)이자 시사(詩史)이다. 많은 이들 가운데 유독 김정(金淨)의 시 작품은 대개 높게 평가되었고, 특히 「우도가」에 대해서는 위와 같이 극찬을 아끼지 않고 있다. 위에 언급한 신기재(申企齋)는 본명이 신광한(申光漢: '企齋'는 그의 號)으로서 세종(世宗) 때 대신이었던 신숙주(申叔舟)의 손자이기도 하다. 신광한 역시 한시(漢詩)의 시작부문에서 당대에 이름을 떨치던 이였는데, 그 책에서 허균은 충암과 함께 그를 중종(中宗)대의 최고의 시인으로 이렇게 소개하고 있기도 하다.

> "국조(國朝)의 시는 중종조(中宗朝)에 이르러 크게 성취되었다. 용재상공(容齋相公)이 시작을 열어 눌재(訥齋) 박상(朴祥) · 기재(企齋) 신광한(申光漢) · 충암(冲庵) 김정(金淨) · 호음(湖陰) 정사룡(鄭士龍)이 일세(一世)에 나와 휘황하게 빛을 내고 금옥(金玉)을 울리니 족히 천고(千古)에 칭할 만하게 되었다." 〈我朝詩至中廟朝大成以容齋相倡始而朴訥齋祥申企齋光漢金冲庵淨鄭湖陰士龍並生一世炳煜鏗鏘足稱千古也〉(許筠, 『惺所覆瓿藁』「惺叟詩話」)

한편 신광한은 『충암선생집(冲庵先生集)』의 서문(序文)을 쓰기도 했다.

그렇다면 그가 추존하여 견줄 만하다고 언급한 장길(長吉)이란 이는 과연 어떤 사람일까? 그에 대한 이해는 곧 김정(金淨)의 간접적인 평가가 될 것이기 때문이다.

장길(長吉)은 중국 당나라 때 요절한 천재시인 이하(李賀)를 두고 이름이다. 27세의 나이로 요절한 그는 후인들로부터 귀재(鬼才) 시인이라 불리기도 했으며, 자(字)가 장길(長吉)이다. 그의 나이 17세 때 시의 천재라는 소문을 듣고 친히 찾아온 당시의 대문호(大文豪)인 한유(韓愈) 앞에서 '안문태수의 노래(雁門太守行)'을 지어 그 실력을 인정받기도 했던 일화는 유명하다. 특히 그의 시풍은 귀신 세계라는 독특한 소재를 특이한 시어들로 생생하게 그려내어 많은 후세의 문인들에게 주목을 받기도 했다. 『당재자전(唐才子傳)』에 실린 그의 소개에는 이런 글귀가 있다.

> "이하(李賀)는 그 천재성이 준발(俊拔)하여 약관의 나이에 최고의 명성을 날렸다. 하늘이 그의 속성을 빼앗아버렸으니, 하늘도 너무 인색한 것이 아닌가? 만약 약간만이라도 그에게 여유를 주어 그로 하여금 품성과 심덕을 수양토록 하고 그의 재주를 지켜보았더라면 그 성취가 틀림없이 옛사람에게 뒤지지 않았을 텐데. 지금 보면 참으로 안타까운 일이다." 〈李賀天才俊拔弱冠而有極名天奪之速豈吝也耶若少假行年涵養盛德

觀其才不在古人下矣今玆惜哉〉(『唐才子傳』)

어쩌면 이 글은 김정(金淨)에게도 바로 적용될 법하다.

한편 허균이 김정의 작품에 대해서 아쉬움을 지적한 부분도 없지 않다.

그의 또 다른 시화집(詩話集)인 「학산초담(鶴山樵談」에서 이르기를, "충암(冲庵)은 맑고 굳세고 기이하고 아름다워 작가라 할 만하되, 거친 말[生語], 중첩되는 말[疊語]이 약간 많다(冲庵則淸壯奇麗可謂作家而生語疊語頗多)." 라고도 했다. 한편 「성수시화(惺叟詩話)」에서의 기록에는 어느 날 양경우(梁慶遇)란 이가 허균을 찾아와 대화를 주고받던 중 '우리나라에서 칠언고시(七言古詩)를 누가 가장 잘 하는가.' 라는 질문을 했고, 이에 허균은 즉답을 피하자, 다시 그렇다면 '충암의 「우도가」는 어떻소(冲庵牛島歌如何)?' 라고 되묻자, 이에 대답하기를 "「우도가」는 기이하나 음침하다(牛島歌奇而晦)." 라고 답하기도 했다.

위의 짤막한 몇몇 기록을 통해서 살펴보더라도 김정(金淨)의 「우도가」는 당시 중앙 조정을 비롯한 사계의 관심 있는 이들로부터 상당히 비중 있게 주목을 받았던 작품이었던 것만은 확실해 보인다. 중국 당나라 때 시인 이하(李賀)와 견줄 만하다는 품평에는 그가 일찍 요절한 천재시인이라는 점과 귀신 등의 신화적 소재를 즐겨 시작에 활용한 점도 작용했으리라는 짐작이 간다.

그의 시 세계를 다른 작품을 통해서 한번 살펴보기로 하자.

그는 제주로 오는 유배 길에 해남의 바닷가에 서 있는 노송(老松)의 그늘에서 잠시 쉬면서 세 수의 절구(絶句)를 지어 소나무 껍질을 벗기고서 거기에 시를 써서 남겨놓기도 했다.〈先生至海南之南涯憩道傍老松下吟成三絶白松木而書之〉(『燃藜室記述』)

○ 題路傍松三首

枝條摧落葉鬖髿　斤斧餘身欲臥沙
望斷棟樑人世用　查牙堪作海仙槎

海風吹去悲聲遠　山月高來瘦影疎
賴有直根泉下到　雪霜標格未全除

欲庇炎程暍死民　遠辭巖壑屈長身
斤斧日尋商火煮　知公如政亦無人

- 金淨, 『冲庵先生集』

(※ 본서 말미에 원문 영인본 수록)

○ 길 옆 소나무 아래서 3수를 짓다

가지는 꺾인 채 솔잎은 여인의 흐트러진 머리
도끼로 남은 몸통 찍어 모래 위에 눕히려 하누나.
동량재(棟樑材) 될 꿈 잘리어 도로 사람들에게 쓰일 바엔
꼿꼿한 채 그대로 바다신선 뗏목이나 되리.

바닷바람 불 때마다 저 멀리서 슬픈 소리
산달 높게 솟아올라 솔 여윈 그림자 성글었네.
그래도 곧은 뿌리 땅 밑까지 뻗쳐 있어
눈서리 겪은 풍상 여전히 남았구나.

더위에 지친 나그네들 시원한 그늘로 감싸고자
저 멀리 심산유곡 마다하고 긴 몸 휘어져 있는 게로구나.
도끼질하며 날마다 찾더니만 행상 밥 짓는 땔감용이라나.
정승 같은 그대의 공, 아는 이 과연 몇이나 될까.

(* 필자 졸역)

소나무껍질 위에다 시를 써서 자신의 심경을 담아 표현해낼 수 있는 이런 조선 선비들의 상황을 두고 언젠가 이규태 선생이 호미와 붓을 든 배경에 관해 쓴 글을 흥미롭게 읽은 적이 있다. 유

배차 떠나는 이에게 행장이란 고작 자신이 몸 하나 가릴 옷가지 조차 없을 터인즉 그래도 붓 하나와 호미는 항상 빠뜨리지 않고 다니다가 나무를 깎아 그 껍질에다 자신의 심경을 시상으로 담아 펼쳐 보인다고 하는 내용이었다. 이 시는 그런 사연도 사연이지만 시상의 전개가 독특하면서도 감정이입(感情移入)의 예지가 번뜩이는 듯하다.

바닷가 외진 곳에 홀로 서 있는 소나무의 신세는 어쩌면 유배차 먼 길을 떠나는 자신의 처지와 너무나 닮아 있음을 그려내고 있기 때문이다. "동량재(棟樑材) 되려던 꿈 중도에 좌절된 바엔 꼿꼿한 몸체 그대로 바다신선의 뗏목배[海仙槎]나 되겠다."는 이 표현이야말로 김정(金淨) 작품세계의 진면목을 유감없이 보여주고 있다고 하겠다. 그런데 여기에서 원문의 '査牙(사아)'란 자는 일반적으로 '楂枒(사야)'로 통용되는 단어로서 '뒤섞여서 가지런하지 않은 모양'의 뜻을 지닌다. 그렇다면 본래 '楂枒(사야)'인데, 그렇게 표기되지 않고 '査牙(사아)'라고 적시함은 어인 일일까? 추측건대 발음상 똑같은 '死我(사아)'를 연상시키기에 족하다고 여겨 중의법적 표현을 의도적으로 시도하려 한 것은 아니었을까 하는 추정도 서게 한다. 어쨌든 이 시는 훗날 사람들 사이에서 전송(傳誦)되어 슬퍼하지 않는 이가 없었다고 한다.

김정은 제주로 유배 오기 전 배소를 이탈했다는 죄목으로 조정에서 국문을 당하기도 했다. 그때 그는 입고 있던 도포의 옷을 찢어 상소문을 짓고 바쳤다는 기록도 있다.(* 이 내용은 『연려실기술(燃藜室記述)』에 실려 자세하게 소개되고 있음)

그는 제주로 유배온 지 1년 2개월여 만인 중종 16년(1521) 10월, 사사(賜死)의 명을 내린 왕명에 따라 사약을 받기에 이른다. 한창 젊은 나이인 36세에 불귀의 객이 된 그는 죽음에 앞서 시 한 수를 남겼다. 자신의 비통한 심경을 초사풍(楚辭風)의 시체(詩體)에 담아 표현해낸 것이다. 바로 '임절사(臨絶辭)' 가 곧 이것이다.

○ 臨絶辭

投絶國兮作孤魂　遺慈母兮隔天倫
遭斯世兮殞余身　乘雲氣兮歷帝閽
從屈原兮高逍遙　長夜冥兮何時朝
烱丹衷兮埋草萊　堂堂壯志兮中道摧
嗚呼千秋萬歲兮應我哀

- 金淨, 『冲庵先生集』

(※ 본서 말미에 원문 영인본 수록)

○ 임절사

절해고도(絶海孤島)에서 몸을 던져 외로운 넋이 되매
어진 어미 남겨둔 채 천륜(天倫)을 어기누나.
이런 세상 만나 이 한 목숨 다할진대
구름기운 얻어 타서 천제(天帝) 문전 밟아볼거나.
굴원(屈原)을 따라 높은 곳을 거닐어보기도 하련다만
긴 밤이 너무 어둡구나, 아침이 오긴 오는가!
빛나는 붉은 충절 잡초 속에 묻어두고
당당한 장부의 지조 중도에 꺾이누나.
아! 천년만년 후에 오늘 내 슬픔에 응함 있으리.

(* 필자 졸역)

한편 김정은 그림에도 능하여 생존시에는 '삼절(三絶)'로 칭송되기도 했었다. 즉, 시(詩)·서(書)·화(畵)에 달통(達通)해 일가(一家)를 이룸이다. 현재 그의 그림은 「산초백두도(山椒白頭圖)」가 국내에서는 유일한 작품으로 남아 있는데 얼마 전 국립제주박물관에 전시된 바가 있다. 한편 「이조화명도(二鳥和鳴圖)」란 그림이 중국에 전해졌던 일은 연암(燕岩) 박지원(朴趾源)의 『열하일기(熱河日記)』의 기록을 통해서 확인되기도 한다.

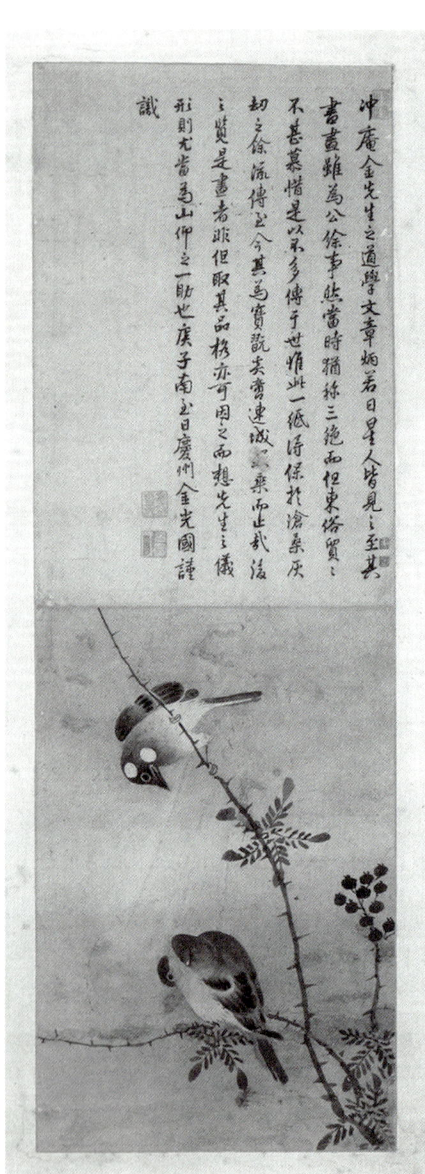
김정(金淨)의 '산초백두도(山椒白頭圖)'
※ 사진제공 - 국립제주박물관

참고로 '산초백두도'의 그림을 수집하여 화제(畵題)를 단 김광국(金光國)의 글을 옮겨보면 이렇다.

○ 충암(冲庵) 김정(金淨)의 '산초백두도(山椒白頭圖)' 화제(畵題)

【讀原文】

冲庵金先生之道學文章炳若日星人皆見之至其書畵雖爲公餘事然當時猶稱三絶而但東俗貿貿不甚慕惜是以不多傳于世惟此一紙得保於滄桑灰劫之餘流傳至今其爲寶翫弄啻連城璧乘而止哉後之覽是畵者非但取其品格亦可因之而想先生之儀形則尤當爲山仰之一助也庚子南至日慶州金光國謹識

【번역】

충암(冲庵) 김(金) 선생의 도학(道學)과 문장(文章)은 빼어나서 마치 하늘의 해와 별같이 빛난다. 사람들은 모두 그 글씨와 그림을 보고서 그런 지극한 경지를 느낀다. 비록 공(公)께서는 여사(餘事)의 일이라곤 하지만 당시에는 오히려 시(詩)·서(書)·화(畵)의 삼절(三絶)로 칭송되곤 했었다. 다만 동양의 풍속 상 눈이 흐리멍덩하여 지극히 사모하지 못했음이 애석할 뿐이다. 이리하여 세상에 전해지는 선생의 작품이란 많지 않다. 오직 이 한 장의 그림만을 얻어 보관함이란 창해(滄海)가 뽕나무밭으로 변하고, 전쟁의 화마(火魔)를 겪는 큰 변화의 소용돌이 속에서도 남아 전해지는 지극한 것이다. 지금 그것은 완상하는 보물일 뿐으로서 마치 화씨의 벽옥 같은 존재로 승화되어 멈추고 말았다. 뒷날 이 화첩은 비단 그 작품의 격조를 느끼게 할 뿐만 아니라 선생의 자태와 외모를 상상해볼 수 있게 할 것이기에 의당 산처럼 선생을 추앙하는 데 일조하리고 본다.

경자(庚子, 1780)년 하지(夏至)일에, 경주(慶州)인 김광국(金光國)이 삼가 적는다.

김광국(金光國: 1727~1797)은 조선 후기 영·정조 시대를 살았던 의관 출신의 화서수집가이다. 본관은 경주이고 호는 석농(石農), 자는 원빈(元賓)이다. 17세기 이래로 대대로 의관직을 지낸 중인 가문 출신이다. 고조부 김성화 이래 증조부 김후와 조부 김경삼 등이 모두 당상관급의 품계를 받았다. 김광국도 종2품 내의 동지중추부사를 지냈다. 그의 수장품 화첩인 『석농화원(石農畵苑)』이 유명하다. 당대 유명인사들의 그림이나 서품을 모으는 수집가의 일이란 주로 왕족이나 양반들의 전유물이었으나, 특히 18세기 농업경제력이 커지고 상업과 함께 화폐경제가 발달하면서 사정은 달라진다. 그렇게 중인계급의 서화(書畵) 완상시대를 연 대표적 인물이 바로 석농 김광국인 것이다. 특히 그는 단순한 수집가의 차원을 넘어 자신이 수집한 작품에 직접 발제의 글을 적어 놓을 정도로 문화적 감식력도 뛰어났다. 이는 『석농화원』에 발문을 단 정조대의 문장가 유한준(兪漢雋: 1732~1811)의 글을 통해서도 간접적으로 확인된다.

"(그림을) 알면 진정 사랑하게 되고, 사랑하게 되면 진정 보게 되고, 볼 줄 알게 되면 소장하게 된다. 이런 사람은 그저 모으는 사람과는 다르다(知則爲眞愛愛則眞看看則畜之而非徒畜也)."

이른바 유홍준의 '아는 만큼 보인다' 란 말이 세인들에게 회자됨이란 바로 여기에서 기인한다.

김정의 '산초백두도' 의 그림을 입수해 발제의 글을 남긴 것이 경자년(庚子年)이라고 한 것으로 미루어 그의 나이 54세 되던 해인 정조 4년(1780) 여름으로 추정된다.

「우도가(牛島歌)」는 충암(冲庵) 김정(金淨) 선생이 제주사람들에게 남긴 큰 선물이자 보물이다. 그 어려운 시기에 이 땅을 밟아

문맹을 깨치고 바른 예법을 익히게 함도 지극한 일이거니와 또한 이렇게 훌륭한 시 작품을 남겨 후인들에게 새로운 감동을 선사함 또한 어찌 감사한 일이 아니겠는가.

필자가 신비로운 우도의 바다동굴에서 동굴음악회를 열 때마다 느끼는 감회는 언제나 선생이 남긴 시구 속에서 새로운 상상의 날개를 펼치게 만든다.

“태음의 기운이 서린 동굴에 현묘한 이치가 머물다(太陰之窟玄機停).”

【첨언(添言)】

현재 우도의 어느 곳에서도 충암(冲庵) 선생의 이런 흔적을 찾아볼 수 없음은 심히 안타까운 일이 아닐 수 없다. 이제라도 선생의 「우도가(牛島歌)」를 시비(詩碑)에 새겨놓아 그의 거룩한 업적을 기리는 일은 다른 어떤 일보다 앞서 해결해야 할 일이라고 생각한다. 이는 이 귀중한 시 작품을 남긴 충암(冲庵) 선생께 감사하는 인간적 도리로서의 바른 예우(禮遇)요, 아울러 이런 소중한 보물인 작품을 여러 사람과 더불어 공유케 함도 의미 있는 일이라 생각되기 때문이다. 그래서 우도를 찾는 내방객들에게 이 시를 음미토록 하여 신비로운 '우도동굴의 판타지' 를 늘 접하게 할 수 있음은 바로 우도의 또 다른 자랑거리이자 매력을 선보이는 일이 될 것임이 자명하다.

【참고문헌】

古典研究室 編纂. 『高麗史(第五冊)』. 신서원, 1992.
郭璞 撰(정재서 역주). 『山海經』. 민음사, 2005.
屈原(李民樹 編譯). 『楚辭』. 明文堂, 1992.
김병총 편역. 『사마천의 사기(4), (8)』. 집문당, 1994.
金尙憲. 「南槎錄」(影印本) 『濟州史資料叢書(Ⅰ)』. 제주도청, 1998.
金淨. 『冲庵先生集』(影印本). 서울大學校 奎章閣藏本.
김희정 편저. 『杜甫詩選』. 민미디어, 2001.
林悌(신호열 · 임형택 공역). 「南溟小乘」『白湖全集(下)』. 창작과비평사, 1997.
司馬遷 撰. 『史記 - 司馬相如傳』(影印本).
范曄 撰. 『後漢書 - 張衡傳』(影印本).
徐敬浩. 『山海經硏究』. 서울대학교출판부, 1996.
심경호. 『한시기행』. 이가서, 2005.
辛文房(임동석 해제 · 역주). 『唐才子傳』. 김영사, 2004.
梁 · 蕭統 編. 『文選(卷第二) - 西京賦 · 東京賦(張衡)』. 上海古籍出版社, 1997.
列禦寇(金學主 譯解). 『列子』. 明文堂, 1991.
우도지편찬위원회 편, 『牛島誌』, 1996.
袁珂(鄭錫元 譯). 『中國의 古代神話』. 文藝出版社, 1997.
劉安(安吉煥 編譯). 『淮南子(上)』. 명문당, 2001.
劉勰(최동호 역편). 『文心雕龍』. 민음사, 2002.
李家源 監修. 『詩經』. 弘新文化社, 1975.
李家源 · 張三植. 『詳解 漢字大典』. 裕庚出版社, 1972.
李肯翊 編. 『燃藜室記述(Ⅱ)』. 민족문화추진회, 1976.
李元鎭(金相助譯), 『耽羅志』. 제주대학교 탐라문화연구소, 1991.
李荇 外. 『新增東國輿地勝覽』(影印本). 明文堂, 1981.
李衡祥. 『耽羅巡歷圖』. 제주시소장본, 1994.
張基槿 編著. 『李太白』. 明文堂, 2002.
張載(丁海玉 譯註). 『正夢』. 明文堂, 1991.
장주(김학주 옮김). 『장자(莊子)(상),(하)』. 을유문화사, 2001.
張俊根 譯編著. 『옛 선비들의 愛石風流』. 石悟出版社, 1985.
전인초 외 3인 공저. 『중국신화의 이해』. 아카넷, 2002.
정재서. 『이야기동양신화 2』. 황금부엉이, 2004.
晉 · 葛洪 撰(임동석 역주). 『신선전(神仙傳)』. 고즈윈, 2006.
晉 · 張華(임동석 역주). 『박물지(博物志)』. 고즈윈, 2004.
許筠. 『惺所覆瓿藁(Ⅱ),(Ⅲ)』. 민족문화추진회, 1989.
許穆. 『眉叟記言(Ⅱ)』. 민족문화추진회, 1989.
許薰. 『舫山全集』. 許氏大宗會, 1996.

제2편

우도(牛島) 관련 문헌기록 해제(解題)

1. 우도 관련 문헌 목록

(1)「제주도안무사(濟州都按撫使) 한승순(韓承舜)의 '계(啓)'」

- 『조선왕조실록(朝鮮王朝實錄)』 세종 21년(1439)

(2) 노사신(盧思愼) 외(外), 『동국여지승람(東國輿地勝覽)』(1481)

(3) 최부(崔溥)의「탐라시(耽羅詩) 35절(絶)」중 21절(絶)(1487)

(4) 김정(金淨)의「우도가(牛島歌)」『충암선생집(冲庵先生集)』(1521)

(5)「제주목사 김흠조(金欽祖)의 상소(上疏)와 조정의 의논기록」

- 『조선왕조실록(朝鮮王朝實錄)』 중종 20년(1525)

(6) 임제(林悌)의『남명소승(南溟小乘)』(1578)

(7) 김상헌(金尙憲)의『남사록(南槎錄)』(1601)

(8) 이원진(李元鎭)의『탐라지(耽羅志)』(1653)

(9) 이증(李增)의『남사일록(南槎日錄)』(1679)

(10) 이형상(李衡祥)의『탐라순력도(耽羅巡歷圖)』(1702)

(11) 이형상(李衡祥)의『남환박물(南宦博物)』(1702)

(12) 이형상(李衡祥)의『탐라계록(耽羅啓錄)초(抄)』(1702)

(13) 남구명(南九明)의『우암선생문집(寓庵先生文集)』(1715)

(14) 이명운(李明運)의 『증보탐라지(增補耽羅誌)』(1765)

(15) 이원조(李源祚)의 『탐라지초본(耽羅誌草本)』(1841)

(16) 이원조(李源祚)의 『탐라록(耽羅錄)』(1841)

(17) 이원조(李源祚)의 『탐영관보록(耽營關報錄)』(1841)

(18) 장인식(張寅植)의 『탐라지(耽羅誌)』(1841)

(19) 김정희(金正喜)의 『완당전집(阮堂全集)』(1848)

(20) 김석익(金錫翼)의 『탐라기년(耽羅紀年)』(1918)

(21) 이은상(李殷相)의 『탐라기행(耽羅紀行) - 한라산(漢拏山)』(1937)

(22) 담수계(淡水契) 편(編)의 『증보탐라지(增補耽羅誌)』(1954)

※ ( )의 연도는 원전의 내용이 쓰이던 시기임

2. 우도 관련 문헌 해제

(1) 「제주도안무사(濟州都按撫使) 한승순(韓承舜)의 '계(啓)'」

- 『조선왕조실록(朝鮮王朝實錄)』 세종 21년(1439)

제주 도안무사 한승순(韓承舜)이 의정부(議政府)에서 내린 교지, 즉 "수비 방어하는 계책과 왜선의 정박할 요해지와 수비 방어하는 조건을 옛 늙은이에게 물어서 조처하고 아뢰라."라는 수교를 받고 수비하고 방어하는 조건을 보고해 올렸다. 그 내용 중에 우도와 관련된 기록이 담겨 있다. 그 내용을 소개하면 이렇다.

● 『조선왕조실록』 세종 21년(1439) 윤2월 4일(壬午)

"옛 늙은이에게 물어보니, 다 말하기를, '정의현 동쪽 우도봉(牛島峯)과 대정현 서쪽 죽도(竹島)는 자고로 왜선이 숨어 정박하여서 가장 요해의 땅이 되옵는데, 우도(牛島)의 인근에 있는 수산(水山)과 죽도(竹島)의 인근에 있는 서귀(西歸) 방호소에는 모두 성곽이 없사온데, 만일 왜적이 빔을 다고 돌입해오면 군사가 의지할 곳이 없사와 응적하기에 형편이 어려우니, 형편을 요량하여 성을 쌓게 하시고 적변을 대응하게 하소서.' 하였습니다. (중략) 하니, 그대로 따랐다."〈詢諸古老皆云旌義縣東牛峯大靜縣西竹島自古倭船殷泊最爲要害之地右牛島隣近水山竹島隣近西歸防護所並無城郭儻倭敵犯夜突入則軍士無所依據應敵勢難請量宜築城以應敵變(中略)從之〉(『朝鮮王朝實錄』 世宗二十一年閏二月壬午)

위의 기록을 통해서 볼 때, 우도는 당시 왜적이 숨어 정박하는 요해지로 인식되었고, 수산방호소(水山防護所)에 성곽을 쌓도록 요청해 허락을 받아낸 것으로 보아 이때 우도를 방어할 목적의 일환으로 수산성을 쌓은 것으로 보인다.

(2) 노사신(盧思愼) 외(外), 『동국여지승람(東國輿地勝覽)』(1481)

『동국여지승람(東國輿地勝覽)』은 조선 전기의 전국지리지로서 성종 12년(1481)에 왕명으로 노사신(盧思愼) · 양성지(梁誠之) · 서거정(徐居正) 등이 명나라의 『대명일통지(大明一統志)』를 참고로 하여 만든 책이다. 우리나라 각 도의 연혁, 풍속, 무덤 및 사당, 관청, 토산품, 성곽, 산천 등과 역대의 이름난 사람들의 기문(記文), 단군신화 등이 실려 있다. 중종 25년(1530)에 이르러 이행(李荇) · 윤은보(尹殷輔) 등이 왕명에 따라 『동국여지승람』을 새로 증보하여 『신증동국여지승람(新增東國輿地勝覽)』을 만들었다.

이 책의 제주목(濟州牧) 산천(山川)조에 '우도' 가 소개되었고, 토산(土産)조에는 우도에서 나는 지역특산품으로 대모(玳瑁) · 자개[貝] · 앵무라(鸚鵡螺) 등을 소개하고 있다. 그 내용은 이렇다.

【산천(山川)】 ○ 우도(牛島)

둘레가 100리인데 주 동쪽 정의(旌義) 지경에 있다. 사람과 말[馬]이 떠들면 풍우가 일어난다. 섬의 서남쪽에 구멍이 있는데, 작은 배 한 척을 들여놓을 만하고, 조금 나아가면 배 5, 6척을 감출 만하다. 그 위에는 큰 돌이 집 같은데, 마치 햇빛이 떠서 비치고 별들이 찬연하게 벌려놓아 있는 것 같다. 공기가 심히 차고 냉하여 머리털이 쭈뼛한다. 세속에서는 부르기를 '신룡(神龍)이 있는 곳' 이라 하는데, 7, 8월 사이에는 고기잡이배가 가지 못한다. 가면 크게 바람이 일어나고 우레가 심하고 비가 쏟아져서 나무가 뽑히고 곡식을 손상시킨다. 그 위에는 닥나무가 많다.

〈○ 牛島 - 周百里在州東旌義之境人馬喧則有風雨島之西南有竇可容一小船稍進則可藏船五六艘具上大石如屋若有日光浮耀星芒燦列氣甚寒涼毛髮竦然俗號神龍在處七八月間漁

舟不可往往則大風雷雨拔木損禾其上多楮木〉(盧思愼 外, 『東國輿地勝覽』

【토산(土産)】

대모(玳瑁) · 자개[貝] · 앵무라(鸚鵡螺) - 이상 세 물건은 우도(牛島)와 대정(大靜)의 가파도(加波島)에서 난다. …무회목(無灰木) - 우도(牛島)에서 나는데, 바다 가운데서는 부드럽고 연하여서 파도를 따라 위아래로 떠밀려 다니다가 물 밖으로 나오면 견고하고 단단해진다.

〈…玳瑁貝鸚鵡螺已上三物並出牛島及大靜加波島 … 無灰木出牛島在海中柔脆隨波上下出水乃堅硬…〉(盧思愼 外, 『東國輿地勝覽』)

(3) 최부(崔溥)의 「탐라시(耽羅詩) 35절(絕)」 중 21절(絕)(1487)

조선조 성종(成宗) 18년(1487) 9월에 제주 3읍 추쇄경차관(推刷敬差官)의 임무를 띠고 제주에 왔던 최부(崔溥)가 '탐라35절(耽羅三十五絶)' 의 연작시 를 남겼는데 그중 21절의 시에서 우도를 언급하고 있다. 그런데 이 시는 그의 대표적 저작물인 『표해록(漂海錄)』이나 시문집에는 보이지 않고 다만 김상헌(金尙憲)의

『남사록(南槎錄)』에 처음 등장하고 있다. 『남사록』에 소개된 내용 중 그에 대한 기록에 의하면 "최부(崔溥)는 몸소 야사(野史)를 더듬고 부로(父老)에게 질정(質正)하였고, 아울러 보고 들은 것을 채택하여 자기 뜻으로 단정(斷定)하여 '탐라시 35절'을 지어 한 편(篇)으로 만든 뒤 뒤에 부치고 난 후 제주인을 시켜 잘 베껴 쓰게 하여 한 질을 이루고 본읍(本邑)에 보관해서 후일 문헌의 징표(徵表)로 삼게 했다."라고 했다. 이런 점으로 미루어 그가 제주에 왔을 때 제주목(濟州牧)에 그 시의 원본이 남아 있었던 것으로 추정된다. 그의 '35절의 탐라시' 가운데 우도와 관련이 있는 제21절의 시는 다음과 같다.

海吐瑞山供逸趣　龍蟠牛島呈祥霧
山川喜我泛槎來　我亦有情堪指顧

- 崔溥의 '耽羅詩 35絶 中 21絶 -

바다가 토해낸 상서로운 산, 운치 있는 볼거리요,
용이 서린 우도 섬엔 안개 자욱 좋은 징조라네.
산천이 나를 반겨 '떼배여 어서 오라!' 하니
나 또한 신이 나서 손짓하며 돌아보네.

(*필자 졸역)

(4) 김정(金淨)의 「우도가(牛島歌)」

- 『충암선생집(冲庵先生集)』(1521)

● 聞方生談牛島歌以寄興

瀛洲東頭鰲抃傾　千年閟影涵重溟
群仙上訴攝五精　屭贔一夜轟雷霆
雲開霧廓忽湧出　瑞山新畫飛王庭
溟濤崩洶噬山腹　谽谺洞天深雲扃
稜層鏤壁錦纈殷　扶桑日照光晶熒
繁珠凝露濺輕濕　壺中瑤碧躔列星
瓊宮淵底不可見　有時隱隱窺窓欞
軒轅奏樂馮夷舞　玉簫𥦗篠來青冥
宛虹飲海垂長尾　矗鵬戲鶴飄翅翎
曉珠明定塵區黑　燭龍爛燁雙眼青
驂虯踏鯶多娉婷　天吳九首行跉跰
幽沈水府囚百靈　邪鱗頑甲毒風腥
太陰之窟玄機停　仇池禹穴傳神蹟
惜許絶境訛圖經　蘭橈拏入攪神形
鐵笛吹裂老怪聽　水咽雲暝悄愁人
歸來怳兮夢未醒　嗟我只道隔門限

安得列叟乘風泠

- 金淨, 『冲庵先生集』(卷之三), 影印本(서울대학교 奎章閣藏本)

● 방생(方生)이 우도 이야기 하는 것을 듣고 노래로 홍을 붙이다

영주산 동쪽머리, 산을 졌던 자라[鰲] 춤추면서 기울더니
천년 비궁(閟宮)의 모습, 깊은 바다에 잠겼어라.
뭇 신선들 상제(上帝)께 호소하여 오정(五精)을 끌어들이매
하룻밤 힘써 일을 내니, 우르릉 벼락 천둥소리 요란했네.
구름 개고 안개 걷히자 홀연히 솟아나니
상서로운 산, 새로 그려내어 급히 조정에 보고됐네.
성난 파도, 높이 솟구치며 산허리 잡아채고,
툭 트인 산골짝, 깊게 구름 빗장 걸렸어라.
깎아지른 절벽, 온통 비단무늬 아로새겨놓아
부상(扶桑)에 해 비치니 수정처럼 빛 반짝거리고,
흩어진 물방울 이슬 맺혀 물기 촉촉한데
호중(壺中) 별천지의 푸른 구슬, 별자리를 심어놓았네.
옥 궁전 수궁(水宮) 속, 물 깊어 볼 수 없고
때로 언뜻언뜻 그 창살만 어렴풋이 보인다네.
황제(黃帝) 헌원씨의 풍악에, 수신(水神) 풍이는 춤을 추고

그윽한 옥퉁소 소리, 먼 하늘에서 들려오네.
휘어진 무지개, 바닷물 마시느라 긴 꼬리 드리우고
거친 대붕새, 학을 희롱하며 날갯짓 퍼덕이네.
영롱한 샛별 밝게 빛나건만, 진세는 아직도 깜깜밤중
촉룡(燭龍)의 부릅뜬 두 눈, 푸른 기운 뻗쳤네.
용이 끄는 수레 타고, 잉어 밟고 놂이 하도나 아름답고
머리 아홉 달린 천오(天吳)귀신 어슬렁대며 가는구나.
물속 깊고 으늑한 궁전에 온갖 바다영령들 가둬놓아
고약한 물고기들, 딱딱한 조개들이 독한 비린내 풍겨내네.
태음(太陰)의 기운 서린 굴에 현묘한 이치 머물고,
구지산(仇池山), 우(禹) 임금의 무덤에선 신의 자취 전하는데
애석하게도 절경(絶境)이라 도경(圖經)엔 빠졌구나.
조각배 노 저어 들어가니 심신(心身)이 쭈뼛하고
날라리[太平簫] 요란히 불어대니 늙은 용이 듣는구나.
물은 오열하고 구름 짙어지며 사람을 근심 속에 빠뜨리니,
황홀하다, 돌아옴이여! 아직도 꿈속인 듯 몽롱하기만 하네.
아, 난 다만 문이 막혀 있어 나갈 수 없다고 말해야 하나!
어찌하면 열자(列子)처럼 맑은 바람 타고 맘껏 날아볼까.

(*필자 졸역)

* 이 시의 상세한 해설은 앞의 제1편 김정의 「우도가」를 참조할 것

(5)「제주목사 김흠조(金欽祖)의 상소(上疏)와 조정의 의논기록」

- 『조선왕조실록(朝鮮王朝實錄)』중종 20년(1525)

중종(中宗) 20년(1525) 9월 28일, 제주 목사 김흠조(金欽祖)가 상소했는데 그 대략의 내용은 정의(旌義)와 대정(大靜) 고을 성이 이전에 설치한 자리가 폐단이 있어 새로 옮기기 합당한 자리에 관한 것과, 점마별감(點馬別監)의 폐단을 들어 대강 그 연유를 진달(進達)하는 것으로 되어 있다.

김흠조 목사가 판단한 현재의 정의현청의 위치가 불합리하다고 본 이유는 크게 세 가지다. 우선 성 밖 20리 안에 다른 마을이 없어 만약 성에 변고가 있을 때 대처하기가 어렵다는 점, 둘째 성 안에 수원(水源)이 없어 5리 밖에서 물을 길어와 해결해야 하는데 만약 화재 등의 발생 시 이에 대한 대비책이 난무한 점, 셋째 본래 수산방호소와 긴밀한 관계를 맺고 현청이 들어섰던 바, 현재의 수산방호소는 군졸의 수도 급감했을 뿐만 아니라 믿을 만한 요인이 많이 상쇄되었다는 점을 들어 정의현청을 현 위치에서 서귀방호소와 밀접한 영천관(靈泉館)으로 옮겨야 마땅하다는 의견을 개진하는 내용이다.

상소한 내용의 문체가 상당히 논리적이고 치밀함에는 김흠조 목사의 사리판단과 문장력이 뛰어남을 반증한다 하겠다.

한편 이에 대해 조정에서는 삼공(三公)이 의논을 개진하여 임금께 보고를 올린 바, 여기에는 '우도(牛島) 보호'의 명목을 들어 제주목사 상소의 부당함을 적시한 대목이 있어 눈길을 끈다. 삼공이 정의현청을 현 위치에서 영천관으로 옮김이 부당함에 대해 적시한 내용을 소개하면 대략 다음과 같다.

- 중종 20년(1525) 10월 7일(壬辰)

삼공이 의논드리기를,

"제주 목사 김흠조(金欽祖)의 상소에 말한 정의(旌義)와 대정(大靜) 등의 고을을 옮겨 설치하는 일은, 친히 형세를 본 사람들과 의논해 보니, 정의에서 우도(牛島)와 대정에서 가을파지도(加乙波知島)와의 거리가 모두 멀지 않다고 했습니다. 당초 고을을 설치할 때 반드시 두 섬과 가깝게 한 것은 서로 보호하게 하려 한 것입니다. 이번에 대정을 파고산(把古山) 아래로 옮기려 하는 일은, 이전의 고을과 거리가 겨우 5리이므로 재목과 기와를 운반하기가 편리할 것이고, 그 안에 원천(源泉)도 있으므로 옮기는 것이 진실로 합당했습니다. 정의는 그렇지 않아 영천관(靈泉館)으로 옮기려고 하면, 이전의 고을과 거리가 50여 리나 되어 운반해 가기에 폐단이 없지 않을 것이고, 또한 우도를 보호하지 못하게 됩니다. 또 제주와의 거리가 네 참의 길이나 되어, 만에 하나라도 변이 있게 된다면 서로

구원할 수 없게 됩니다. 하물며 한 때에 아울러 옮기면 반드시 폐단이 적지 않을 것이니, 이번에 대정만 옮기고 정의는 뒷날 서울의 조관(朝官)들이 왕래하게 될 때를 기다려 민정(民情)과 형세(形勢)를 잘 살펴보도록 한 다음에 옮기는 것이 합당할 듯합니다.(후략)"

〈三公議濟州牧使金欽祖上疏言旌義大靜等邑移設事與觀其形勢者議之旌義之距牛島大靜之距加乙波知島皆不遠其初設邑必近兩島者欲爲相保也今者大靜欲移於把古山下距古縣纔五里輸運材瓦便易而其中有泉移之固當若旌義則不然欲移于靈泉館去古縣五十餘里運輸不無其弊而亦不得保牛島且距濟州四息程也萬一有變則不得相接也況一時並移弊必不貲今移大靜旌義則祟後日京朝官往來時令審察民情形勢然後移之似當矣(後略)〉

-『朝鮮王朝實錄』中宗二十年十月七日壬辰

결국 정의현청을 옮기는 건의 제주목사 김흠조의 상소는 윤허를 얻지 못하고, 다만 점마별감의 폐단에 대한 시정조치만 시행하게 된다.

여기에서 우리의 관심을 끄는 대목이 다름 아닌 '우도(牛島)를 방어할 목적'으로 정의현청의 현재 위치가 설정되었다고 보는 중앙 조정의 시류(時流) 인식이다.

(6) 임제(林悌)의 『남명소승(南溟小乘)』(1578)

백호(白湖) 임제(林悌: 1549~1587)는 그의 나이 29세 때인 선조(宣祖) 10년(1577) 9월에 문과(文科)에 급제하고 당시 제주목사로 부임해 있던 부친 임진(林晉)을 근친(覲親)하기 위해 제주를 찾아온다. 그가 체류해 있던 기간은 불과 4개월여밖에 되지 않지만, 한라산을 오르고 제주의 절승지를 두루 돌아보면서 느낀 감회를 일기체로 써서 남겨놓았는데, 그게 바로 이 『남명소승(南溟小乘)』이다.

그는 당시 무인도였던 우도를 직접 방문하여 우도동굴을 둘러보고 그 감회를 글로 남긴 조선 최초의 선비이기도 하다. 이미 김정(金淨)의 「우도가」를 통해 어느 정도 우도에 대한 호기심이 있었던 것으로 짐작된다. 왜냐하면 성산포에서 우도를 향해 갈 때 마침 뱃사공이 파도가 세어 도저히 건너가기 위험함을 얘기하고 배에 탔던 일행들 모두 돌아가길 원하자 그는 이런 말로 그의 고집을 꺾지 않았다. "사생은 하늘에 달렸으니 오늘의 굉장한 구경거리는 저버리기 어렵도다(死生在天, 壯遊難負)."

멋과 기백의 풍류 기남아였던 임제에게 그런 정도의 시달림은 걱정 밖의 일쯤으로 치부될 정도였을 것으로 짐작된다.

그런데 한 가지 의문점이 있다. 그렇게 가는 곳마다 자신의 유장한 필치를 휘두르며 그 감회를 거침없이 쏟아내던 임제가 왜

하필 우도를 직접 둘러보기까지 한 후에도 시 한 수 남기지 않았던 것일까? 여기에는 나름대로의 여러 사정이 있을 법하지만 필자가 판단하기에는 자신보다 앞서 김정(金淨) 선생이 남긴 「우도가(牛島歌)」에 매료된 때문으로 보는 게 합당할 듯하다. 그의 우도동굴 답사기를 한번 살펴보자.

> 사람을 수산방호소(水山防護所)로 보내 배를 대령시키도록 하였다.(이곳은 곧 원나라의 목장이 있었던 자리다. 원나라 때 魯花赤을 보내 낙타 · 노새 · 말 등을 水山 들에서 길렀다.—원주) 우도(牛島)로 선유(船遊)를 하기 위함이었다. 정의 이(李) 현감이 벌써 기다리고 있다는 기별이 왔다. 성산도(城山島)라는 곳에 당도하니, 그 땅은 마치 한 송이 푸른 연이 파도의 사이에 꽂혀 솟아오른 듯, 위로는 석벽이 성곽처럼 빙 둘러쳐 있고, 그 안쪽으로는 아주 평평하여 초목이 자라고 있었다. 그 바깥쪽 아래로는 바위 굽이가 기기괴괴하여 혹은 돛배도 같고 혹은 막집도 같고 혹은 일산 친 것도 같고 혹은 새나 짐승도 같아, 온갖 형상이 다 기록하기 어려울 지경이었다.
>
> 정의 현감을 만나서 함께 배를 타고 우도(牛島)로 향해 떠났다. 관노(官奴)는 젓대를 불고, 기생 덕금(德今)이는 노래를 부르도록 했다. 성산도를 겨우 빠져나가자 바람이 몹시 급하게 일었다. 배에 탄 사람들이 모두 배를 돌렸으면 하였고, 사

공 또한

"이곳의 물길은 과히 멀지는 않으나 두 섬(城山과 牛島 ―원주) 사이에는 파도가 서로 부딪혀 바람이 잔잔할 때라도 잘 건너기 어렵습니다. 하물며 오늘처럼 바람이 사나운 날은 도저히 갈 수가 없습니다."

라고 한다. 나는 웃으며,

"사생은 하늘에 달렸으니 오늘의 굉장한 구경거리는 저버리기 어렵도다."

라 말하고, 결연한 뜻으로 노를 재촉했다. 물결을 타고 바람 채찍으로 순식간에 건너갔다. 우도에 가까이 닿자 물색이 판연히 달라져서 흡사 시퍼런 유리와 같았다. 이른바 "독룡이 잠긴 곳의 물이 유달리 맑다(毒龍潛處水偏淸)."는 것인가.

그 섬은 소가 누워 있는 형국인데, 남쪽 벼랑에 돌문이 무지개처럼 열려 있어, 돛을 펼치고도 들어갈 수 있었다. 그 안으로 굴의 지붕이 천연으로 이루어져 황룡선(黃龍船) 20척은 숨겨둘 만하였다. 굴이 막다른 곳에서 또 하나의 돌문이 나오는데, 모양이 일부러 파놓은 것 같고 겨우 배 한 척이 통과 할만하였다. 이에 노를 저어 들어가니 신기한 새가 있어 해오라비 비슷한데 크기는 작고 색깔은 살짝 푸른 빛을 띤 것이었다. 이 새 수백 마리가 떼를 지어 어지럽게 날아갔다. 그 굴은 남향이어서 바람이 없고 따뜻하기 때문에 바닷새가 서식하는가 싶었다. 안쪽 굴은 바깥 굴에 비해 비좁긴 하지만 기괴하기로 말하면 훨씬 기괴한데다 물빛은 그윽하기만 하여 귀신이라도 나올 것 같았다. 위로 쳐다보니 하얀 자갈들이 달처럼 둥글둥글하여 어렴풋이 광채가 났으며, 또한 사발도 같고 술잔도 같으며 오리알도 같고 탄환(彈丸)도 같은 것이 하늘의 별처럼 박혀 있었다. 대개 온통 굴이 검푸르기 때문에 흰 돌이 별이나 달과 같은 모양으로 보이는 것이었다.

시험 삼아 젓대를 불어보니 처음에는 가냘픈 소리였는데 곧바로 굉굉한 소리가 되어, 마치 파도가 진동하고 산악이 무너지는 듯싶었다. 오싹하고 겁이 나서 오래 머무를 수 없었다.

이에 배를 돌리어 굴의 입구로 빠져나오자 풍세는 더욱 사나워 성난 파도가 공중에 맞닿으니, 옷과 모자가 온통 거센 물결에 흠뻑 젖었다. 하물며 좌하선(坐下船)은 고기나 잡는 작은 배로 낡아서 반쯤 부서진 배임에랴! 바다 위로 위태롭게 떴다 가라앉았다 하여 간신히 뭍에 닿아 배를 댈 수 있었다.

고을 사람이 성산도의 북쪽 기슭에 장막을 치고서 기다리고 있었다. 원님은 먼저 들어가고 우리 일행 또한 밤길을 걸어 정의 읍내에 당도했다.

〈使人往水山防護所(乃大元牧場也, 元時送魯花赤, 牧槖駝驢馬於水山坪), 具舟楫, 欲作牛島之遊. 報旌義李侯已相待云. 到所謂城山島者, 如一朶青蓮揷出於海濤之際, 其上則石崖周遭如城郭, 中其平, 草樹生焉. 其下則巖巒奇怪, 或如帆檣, 或如幕室, 或如幢蓋, 或如禽獸, 萬千之狀, 難以盡記. 李侯來會, 乃同舟向牛島, 令官奴吹笛. 官妓德今唱歌. 纔出島外, 風勢甚急, 舟中之人, 皆欲回棹, 篙工曰: "此處水程, 雖不甚遠, 而兩島(城山・牛島)之間, 波濤相擊, 雖風殘尚難利涉, 況此風起不可往." 余笑曰: "死生在天, 壯遊難負." 乃決意催櫓, 駕浪鞭風, 一瞬而渡, 近島則水色頓異, 恰似青琉璃, 所謂毒龍潛處水偏淸者也. 厥島形如臥牛, 南崖有石門如虹, 張帆可入, 而其內窟宇天成, 可藏黃龍二十舳, 窟將窮, 又有一重石門, 狀如鑿開, 僅通一船. 乃搖棹而入, 有怪禽似鷺而小, 色微靑, 數百爲群, 紛紛飛出, 皆窟向南無風而暖, 故海鳥來棲也. 比外窟差小, 而環詭過之. 水光幽幽, 疑有鬼神. 仰見白石團團如月, 而微有芒耀. 又如椀如杯, 如鵝卵如彈丸者, 錯落如星斗, 皆渾窟靑蒼, 故白石得爲星月之狀也. 試吹笛, 則初成咽咽之音, 旋作轟轟之響, 若溟波震動, 山岳傾頹, 悄然肅然不可久留. 回船出海門, 風色尤惡, 怒濤連空, 衣冠盡爲激浪所濕, 況坐下船, 乃海錯小艇, 半已朽破, 出沒甚危, 艱得來泊, 縣人張幕於城山北麓相候. 主倅先往, 吾一行亦冒夜投縣.〉

* 林悌(辛鎬烈, 林熒澤 共譯), 「남명소승(南溟小乘)」『백호전집(白湖全集)(下)』(창작과 비평사, 1997), 806~809쪽, 990~992쪽.

우도동굴에서 악기를 꺼내 들어 불면서 그 소리를 듣고 마치 잠든 용이 깨어나는가 확인이라도 할 양으로 소리실험을 하는 모습이 눈에 선하다. 위의 내용 중 황룡선 20여 척 정도 숨겨둘 만한 곳이란 아마도 현재의 고래콧구멍 동굴이 아닌가 하고 여겨진다.

이제까지 온갖 추측과 베일에 싸였던 우도의 바다동굴을 직접 답사해 확인하면서 감회에 젖는 순간 문득 김정(金淨)의 「우도가(牛島歌)」가 떠올려지지는 않았을까 하는 추정도 한 번쯤 해보게 된다. 여기에서 또 한 가지 흥미로운 점은 지금의 연륙된 성산포가 그때는 섬이었다고 기술함이다.

(7) 김상헌(金尙憲)의 『남사록(南槎錄)』(1601)

청음(淸陰) 김상헌(金尙憲)은 선조 34년(1601) 6월에 제주에서 발생한 소덕유(蘇德裕) · 길운절(吉云節)의 역모 사건 때문에 제주에 안무어사로 파견되어 왔다. 그때 일기체의 형식을 빌려 남긴 글 모음집이 바로 『남사록(南槎錄)』이다. 특히 이 책은 이원진(李元鎭)의 『탐라지(耽羅志)』보다도 50여 년이 앞서면서 당시 17세기 초 제주의 실상을 잘 담아 표현하고 있는 중요한 향토 사료 가운데 하나이다.

그는 이 책에서 우도에 관한 비교적 많은 정보를 제공하고 있기도 하다. 특히 최부(崔溥)의 연작 장편시 「탐라시(耽羅詩) 35절(絶)」을 처음으로 소개하기도 했는데, 여기의 제21절의 시가 우도와 관련이 있다.(* 앞서 소개된 '(3) 최부의 시 「탐라시 35절」 중 21절' 참조)

김상헌은 별방방호소(別防防護所)에서도 하룻밤 묵었다가 다시 성산을 향해 떠났는데, 여기 이 별방성이 "정덕(正德) 경오(庚午)년(1510)에 목사 장림(張琳)이 이곳과 우도(牛島)는 왜선이 내박(來泊)하는 곳이 서로 가깝다고 하여 김녕방호소를 헐고서 여기로 이설하였다."〈正德庚午牧使張琳以此地與牛島倭船來泊處相近撤金寧防護所移設于此〉고 술회하기도 했다.

성산으로 가는 길목에 있는 오조포(吾照浦)에 관해서는 『지지(地誌)』의 내용을 들어 얘기하는데, 심지어 여기에서 소리를 내어도 우도에 있는 용이 듣고 기상변화를 일으키게 한다고 표현함은 흥미로운 대목이 아닐 수 없다.

> "오소포(吾召浦)에는 어점(漁店) 10여 호가 있으니 겨울과 봄에 와서 살다가 여름에는 떠나가고, 더욱이 땅이 우도에 가까운 까닭에 사람이나 가축이 시끄럽게 떠들면 대풍이 반드시 일어 나무를 뽑고, 곡식에 손해를 입히기 때문에 아직까지 사람이 항상 거주하지 못했다고 한다."(* 필자 졸역)
>
> 〈吾召浦有漁店十餘戶冬春來居夏則移去蓋以地近牛島人畜喧囂大風必作拔木損稼故未嘗恒居云〉(金尙憲, 『南槎錄』)

『남사록(南槎錄)』에 실린 우도(牛島) 관련 기록은 『지지(地誌)』와 『소승(小乘)』, 그리고 충암(冲庵)의 「우도가(牛島歌)」와 자신이 지은 칠언율시 「우도(牛島)」의 소개 순으로 구성되어 있다. 그 내용을 소개하면 다음과 같다.(* 『小乘』에서 인용한 부분과 冲庵의 「牛島歌」는 앞서 이미 소개가 되었기에 생략함)

○ 13일(정축) 맑음. 종일 샛바람이 불고 밤에는 달이 밝음. 성산(城山) 진해당(鎭海堂)에서 묵음.

조반을 먹은 후 성산에 도착했다.(별방에서 거리가 25리나 됨) 진해당에서 앉아 잠시 쉬고 난 뒤 곧바로 성산의 위로 올라 형세를 두루 살펴보았다. 해가 저물어 내려오면서 우도를 가 보고 싶었지만 바람이 불어 거역하므로 결과가 없었다.(중략)

『지지』에 이르기를 우도는 주(州)의 동쪽 바다 가운데 있는데 해안까지의 거리는 10리이고, 둘레는 100리에 이른다. 그 위에는 닥나무[楮木]가 많다. 섬의 동쪽에 돌구멍이 나 있어 배 한 척을 들여놓을 만하다. 조금 더 나아가면 배 5, 6척은 숨겨둘 수가 있는데 때로 바람에 표류하는 왜선박이 이곳에 몰래 들어와서 사람들이 며칠 동안 알지 못하는 경우도 있다. 조각배를 타고 그 안으로 들어가면 거대한 돌집 같은데, 만일 햇빛이 비칠 때면 별빛이 반짝거리는 듯하고, 공기는 매우 차갑고 머리털이 위로 솟는 듯하다. 전하는 풍속에 이르기를 신령한 용이 있는 곳이라서 7, 8월 사이에 고기잡이배는 이곳에 갈 수가 없는데, 만약 갔다면 큰 바람이 일고 천둥과 비바람이 쳐서 나무를 뽑아내고 곡식을 망가뜨린다. 맞은편 해안인 오소포 등에서도 역시 북소리, 악기소리, 닭이나 개 짖는 소리를 금해야 하는데, 만약 금하지 않으면 바람과 벼락의 변이 생겨난다고 한다. (* 필자 졸역)

〈○ 十三日丁丑晴終日東風夜月明宿城山鎭海堂早食發行到城山(距別防二十五里)坐鎭海堂暫憩卽上山城周覽形勢日暮下來欲觀牛島風逆未果…(中略)

地誌云牛島在州東海中距海岸十里周百里其上多楮木島之東有石竇可容一船稍進則可藏船五六艘(時有漂風倭船潛入于此累日人不能知)棹入其中大如石屋若有日光浮耀星芒燦列氣甚寒凜毛髮竦立俗傳神龍在處七八月間漁舟不可往往則有大風雷雨拔木損稼對海岸吾召浦等處亦禁鼓角鷄犬之聲否則亦有風雷之變〉(金尙憲, 『南槎錄』)

한편 여기에서 『소승(小乘)』은 임제(林悌)의 『남명소승(南溟小乘)』을 두고 이름인데, 앞서 소개가 있었다. 충암의 「우도가」 역시 앞의 소개와 동일하다. 그의 자술(自述) 시 우도(牛島)를 한번 보자.

○ 김정의 「우도가」(*내용소개 생략)

○ 牛島　　　　自述

曾讀冲庵七字詩　始聞瀛海閟瓌奇

當時每恨仙區隔　今日還爲颶毋欺

咫尺勝遊知有數　平生壯觀更無期

淸都舊侶如相念　應許他年夢裡窺

- 金尙憲, 「南槎錄」

우도　　(김상헌)

일찍이 충암(冲庵)의 칠언시 '우도가' 를 읽어서

비로소 영주(瀛洲) 바다 신비하고 괴기(傀奇)함을 알았네.

당시에는 매양 신선 사는 곳 가볼 수 없음을 한탄했는데

오늘은 도리어 회오리바람 나를 속임을 탓해야 하네.

가까운 경승지의 유람도 다 운수가 따라야 함을 알거늘

평생의 다시 못 볼 장관(壯觀) 언제 또 다시 볼까나.

하늘나라의 옛 벗님들이여! 부디 나를 생각한다면

다음에 꿈속에서라도 응당 다시 보게 해야 할 걸세.

(*필자 졸역)

바람이 불어 우도를 가볼 수 없음을 한탄하는 시인의 심경을 헤

아릴 만하다. 작자인 김상헌은 제주로 들어올 때도 바람에 시달렸고, 제주를 떠날 때도 순탄치 않은 귀행길이 되었는데 제주의 바람과는 인연이 많은 사람처럼 비쳐지는 것도 한 특징이라 할 것이다. 아무리 혈기왕성한 30대의 건장한 청년이었다손 치더라도 제주의 모진 바람 앞에서는 어쩔 수 없이 그 견디기 힘든 어려움을 호소할 수밖에 없는 상황을 이해할 법도 하다.

(8) 이원진(李元鎭)의 『탐라지(耽羅志)』(1653)

이원진(李元鎭)의 『탐라지(耽羅志)』는 효종 4년(1653)에 간행된 것으로서, 현전하는 제주 관련 최초의 사찬(私撰) 읍지(邑誌)이다. 이 책의 산천(山川)조에 우도(牛島)가 소개가 되고 있는데, 그 내용이 『동국여지승람(東國輿與地勝覽)』에 소개된 내용과 거의 흡사하다. 한편 제영(題詠)조에는 김정(金淨)의 「우도가(牛島歌)」가 소개되고 있다. 우도에 관해 소개한 내용은 다음과 같다.

> 【산천(山川)】 ○ 우도
>
> 둘레가 50리이고, 주의 동쪽 정의(旌義)현의 경계에 있다. 사람과 말이 떠들어대면 곧바로 비바람이 몰아친다. 섬의 서남쪽에 돌이 뚫린 구멍이 있어 작은 배 한 척쯤은 들여놓을 수

가 있다. 조금 더 나아가면 배 5, 6척은 거뜬히 숨겨놓을 수 있다. 그 위에는 큰 돌이 마치 집과 같이 생겼는데, 만일 햇빛이 비쳐 반짝거릴 때면 별자리들이 화려하게 박혀 있는 듯하다. 공기는 매우 차서 머리털이 쭈뼛하게 솟아날 정도이다. 풍속에 이르기를 신령스런 용이 있는 곳인 이곳에는 7, 8월 사이에는 고깃배가 들어갈 수가 없다. 만일 갔다가는 큰 바람과 번개 천둥이 치며 비가 내려 나무를 뽑아내고 곡식을 망가뜨린다. 그 위에는 닥나무가 많다.

〈○ 牛島: 周五十里在州東旌義之境人馬喧則便有風雨島之西南有竇可容一小船稍進則可藏船五六艘其上大石如屋如有日光浮耀星芒燦列氣甚寒凉毛髮竦然俗號神龍在處七八月間漁舟不可往往則大風雷雨拔木損禾其上多楮木〉(李元鎭, 『耽羅志』「山川」)

【제영(題詠)】 ○ 김정의 「우도가」(*내용소개 생략)

(9) 이증(李增)의 『남사일록(南槎日錄)』(1679)

이증(李增: 1628~1686)은 숙종 5년(1679) 제주안핵겸순무어사(濟州按覈兼巡撫御使)로 제주에 파견되어 왔다가 약 5개월여 동안 제주에 머물면서 자신이 보고 들은 바를 일기체 형식으로 엮어 내었는데 그것이 바로 『남사일록(南槎日錄)』이다. 이 책의 체계는 김상헌(金尙憲)의 『남사록(南槎錄)』을 답습하고 있지만, 17세기 당시 제주 삼읍의 지리, 풍속, 방어시설, 육지와 제주의 해상로 등을 총망라하고 있어 귀중한 사료로서 평가되고 있기도 하다.

이 책에서 우도(牛島)와 관련되어 서술한 기록은 『남사록』의 것과 거의 유사하다. 즉, 『지지(地誌)』에서 인용한 부분과 임제의 『남명소승』에서 인용한 부분의 내용이 거의 동일하다.(*앞의 『남사록』에 이미 소개되고 있기에 그 내용소개는 생략함)

다만 성산에 올라 멀리 우도를 바라보며 바람 때문에 가볼 수 없음을 아쉬워하는 감회를 피력하고 있다.

> "내가 성산에 올라보니, 이전 사람들이 말한 바가 믿기에 거짓이 아니었다. 무진년(戊辰年)부터 어사(御史)의 계청(啓請)으로 외성(外城)의 진(鎭)을 폐지한 후 지금은 봉수(烽燧)를 설치하고 또한 산물(酸物)을 심어 과원(果園)으로 삼았는데, 이원진(李元鎭)이 목사였을 때 설치한 것이라고 한다. 우도(牛島)는 바람이 어지럽고 바다가 거칠어 가서 볼 수 없었는데 한스럽다."
>
> 〈余登城山前人所論信不虛矣自戊辰年御史啓請外城廢鎭之後今設烽燧又植酸物爲果園李元鎭爲牧使時所設云牛島以風

亂海惡不得往見可恨〉(李增, 『南槎日錄』)

(10) 이형상(李衡祥)의 『탐라순력도(耽羅巡歷圖)』(1702)

이형상(李衡祥) 목사의 『탐라순력도(耽羅巡歷圖)』에 '우도점마(牛島點馬)' 의 도판(圖版)이 실려 있다. 부기된 기록을 참조해 보면 이형상 목사는 임오(壬午: 1702)년 7월 13일에 우도 목장 내에 있는 말을 점검했는데, 여기에 중군(中軍)과 정의현감(旌義縣監)이 목사를 수행했다. 아울러 그곳의 목자(牧子) · 보인(保人)의 수가 도합 23명이며 말 262필을 점검한 사실도 기록해 두고 있다.

그림에는 이 밖에도 '동두(東頭)' 라 해서 우도봉을 그려놓았는데 정상 부근에 나무가 많이 그려져 있는 것으로 보아 닥나무[楮木]들이 무성하게 우거져 있었음을 보여준다. '전포(前浦)' 라해서 현재의 천진항 부근을 표기해놓고 있으며, '죽도(竹島)' 라고 해서 현재의 비양도(飛陽島)를 표기해놓았다.

우도의 대표적 바다동굴인 주간명월(晝間明月)은 '어룡굴(魚龍窟)로 표기해 놓았고, 그쪽 부근의 파도가 다른 쪽과는 다르게 요동치는 모습을 사실적으로 표현해놓은 게 인상적이다.

『탐라순력도』에 우도의 모습이 담긴 그림은 이 밖에도 '성산관

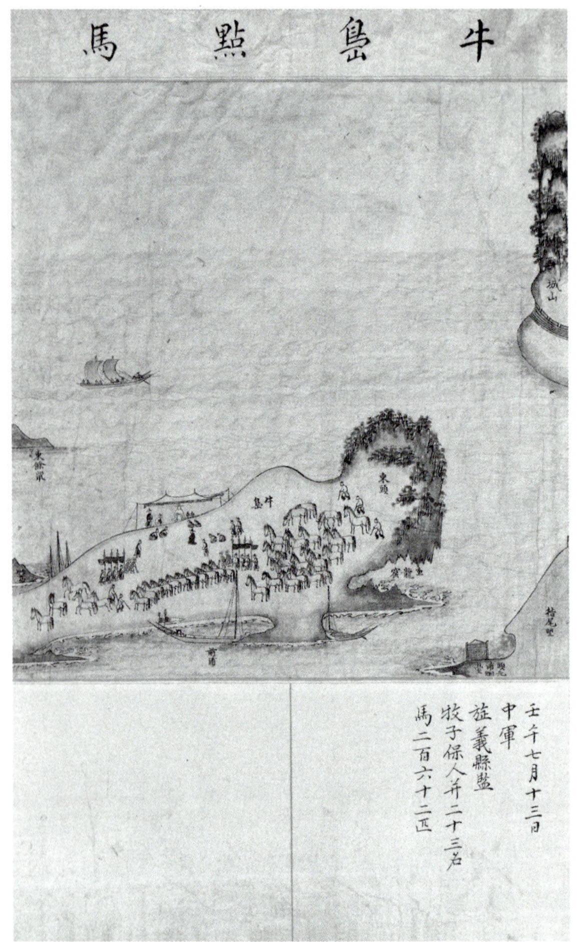

『탐라순력도』의 '우도점마'

일(城山觀日)'과 '별방시사(別防試射)'에도 전체 혹은 부분적으로 그려져 실려 있다.

이 그림에 인가(人家)의 모습이 그려 있지 않음은 당시 우도에 사람이 들어가 살고 있지 않았음을 반증한다.

김정(金淨)이 「우도가(牛島歌)」에서 "안타깝게도 (우도는) 절경(絶境)이라 도경(圖經)에도 표시되어 있지 않았구나(惜許絶境訛圖經)!"라고 아쉬움을 토로한 후 거의 180여 년 만에 이형상 목사의 『탐라순력도』에 의해서 우도(牛島)의 본격적인 제 모습이 처음으로 세상에 선보이게 된 셈이다.

(11) 이형상(李衡祥)의 『남환박물(南宦博物)』(1702)

이형상(李衡祥) 목사의 『남환박물(南宦博物)』은, 그의 『탐라순력도』가 41폭의 그림을 통해 제주를 설명한데 비해, '1만 3천 8백 50여 언' 에 달하는 글로 제주도와 주변도서, 바다 등에 관해 상세하게 설명해놓은 일종의 자매편 지방지(地方誌)라 할 수 있다.

이 책 '지도(誌島)' 조에 우도(牛島)를 비교적 상세하게 설명하고 있다. 그 내용을 소개하면 다음과 같다.

【지도(誌島)】 ○ 우도(牛島)

묘(卯)시 방향으로 우도가 있는데 마치 소가 누워 있는 형세로서 정의현 근방의 별방진성과 수산진성 사이에 위치한다. 수풀이 없고 나무란 오직 닥나무[楮]만이 있다. 금번 정축년(丁丑年: 1697)에 목장을 신설하였다.(※ 숙종 22년인 1696년에 柳漢明 목사가 처음으로 우도에 말 목장을 설치한 사실을 거론한 것으로 보임) 섬의 둘레가 50리이고, 바닷길은 10리인데, 파도가 심하여 건너기에 험난하다. 동남쪽의 어룡굴(魚龍窟: *현재의 주간명월)은 천연으로 된 돌집이다. 모습은 흡사 뚫어놓은 굴 속 같다. 굴 안의 길이가 8, 9백 척이나 되고, 너비가 2백 척, 폭은 돛단배 8척쯤 들어가 있을 정도이고, 높이 또한 돛대 정도 담아놓을 수 있을 길이이다. 해가 비쳐 물빛이 반짝거리고 물 색깔이 푸르면서 차가움은 마치 파란 유리와 같다. 바다의 기운이 사람을 감쌈이 마치 따듯한 구들방에 들어선 듯하고, 그 바닥은 가늠하기 힘들 정도로 깊다. 『동국여지승람(東國輿地勝覽)』과 임제의 『남명소승(南溟小乘)』, 충암(冲庵) 김정(金淨)의 『제주풍토록(濟州風土錄)』, 청음(淸陰) 김상헌(金尙憲)의 『남사록(南槎錄)』에 모두 이르기를 속칭 신룡소처(神龍所處: 신령스런 용이 거처하고 있는 곳)인 그곳에 가까이 가기만 하면 왕왕 큰 바람이 일고 뇌우(雷雨)가 쳐서 나무를 뽑고 곡식에 손해를 입힌다고 한다. 맞은편 해안 쪽에서도 역시 북소리, 악기소리, 닭소리 개 짖는 소리를 금하는데 만일 그렇지 않으면 반드시 뇌우(雷雨)와 태풍이 부는 변고가 생겨나기에 사람이 그곳에 거주하지를 않는다고 하던 곳이다.

지난번에 수령(守令)·교수(敎授)·막료(幕僚)·이민(吏民)들 모두가 나에게 차례로 찾아와 간하였지만 새로 목장을 설치한 곳이라서 부득이하게 우도에 가서 보지 않을 수 없었다. 몇 길을 지나 들어서니 길 옆에 물이 있었는데 소들이 놀라 질러대는 소리가 물에 울려 산을 꿰뚫는 것과 같았다. 또한 괴상하게 생긴 날짐승도 있었는데 생김새는 백구(白鷗)와 같았으나 그보다 좀 더 크다. 색깔은 푸른 빛이 선명한데 부리와 다리가 모두 붉은색을 띠었고 수백 마리가 무리를 지어 날아간다. 이는 참으로 여러 바다에 있지 않는 새들인데 늙은 어부들이 서로 전하는 말을 하길, 예로부터 그 새들의 이름은 알지 못하며, 굴이 이미 남쪽을 향해 있고 인적 또한 드물어서 서식차 찾아오는 것이라고들 한다.

앞쪽에서 볼 때는 돌로 둘러싸여 있어 소통이 안 될 것만 같더니만 조금 더 앞으로 나아가니 돌로 된 문이 저절로 깎인 채 다시 나타난다. 배로 그 안에 들어간다면 5, 6척쯤은 숨겨둘 만하였다. 공기는 차갑고 싸늘한데 머리털이 쭈뼛하게 솟는 듯함은 물빛이 그윽하여 귀신이 있는 듯하고 이상한 물건들이 서로 혼돈 속에 섞여 있는 듯해서다. 올려다보니 하얀 돌이 동글동글 달려 있는 모습이 해도 같고, 달도 같고, 사발도 같고, 술잔도 같고, 거위알 같고 탄환 같아서 마치 별들이 쏟아 떨어져 붙어 있는 것 같은 착각이 들게 한다. 대개 동굴 안이 짙푸르고 까무잡잡하기 때문에 흰 돌이 그 사이로 빛을 받아 별과 달처럼 빛을 발하는 것이다.

오늘은 하늘이 맑고 바람 한 점 없으니 전해오던 이야기들이 모두 빈말이었다. (* 필자 졸역)

〈○ 牛島: 卯有牛島形如臥牛在旌義境別防首山兩鎭之間無樹木只產楮今丁丑年新設牧場周五十里水路十里波極險難渡東南魚龍窟石宇天成狀如鑿筒長八九百尺廣二百尺張帆棹入高亦容桅日光浮曜水清冽如碧琉璃海氣薰人如人煖埃其底深不測輿地誌及林子順(悌)小乘金冲菴(淨)風土錄金淸陰(尙憲)

南槎錄皆曰俗稱神龍所處近之則往往有大風雷雨拔木損禾對岸亦禁鼓角鷄犬之聲否則必致雷雨風拔之異以故人無往者守令教授幕僚吏民交謁更諫余以新設牧場所不可不見過路歷入傍有水牛驚吽墮水群如衝山又有怪禽形白鷗而稍大色青鮮觜脚俱赤數百爲群紛紛飛出此固諸海所未有之鳥老漁相傳自古不知其名窟旣向南且無人迹故來棲也前面石擁若無所通稍進則復有石門自削舟入其中亦可藏五六艘氣寒凜毛髮竦然水光幽幽若有鬼神異物陰相渾屯仰見白石團團如日如月如椀如杯如鵝卵如彈丸者錯落爲星斗盖渾窟皆蒼黑而白石間之得爲星月之光也是日天朗無風俗說虛矣〉(李衡祥,『南宦博物』「誌島」)

위의 기록을 통해서 볼 때 이형상 목사는 직접 우도의 바다동굴 안으로 들어가 느낀 감회를 이렇게 기술하고 있다. 그런데 이 글 뒷 부분의 서술은 임제(林悌)의 『남명소승(南溟小乘)』의 기록에서 차용하여 부연 설명하고 있다. 특이한 것은 맨 마지막의 한 구절이다. "7, 8월에 이곳에 찾아오면 뇌우가 치고 비바람이 몰아친다던데 오늘 내가 여기 우도에 와서 그 동굴을 찾아갔는데도 하늘은 멀쩡하니 구름 한 점 없다. 그러고 보니 전해오던 말들이 사실이 아님을 내 알았노라."고. 과연 이형상 목사다운 표현이 아닐 수 없다.

결국 문헌 기록상 이형상 목사는, 앞서 임제가 우도 동굴을 찾은 후 『남명소승』에 그 감회를 남긴 이후, 조선의 선비 중 두 번째로 우도동굴답사기를 남긴 인사가 되는 셈이다.

(12) 이형상(李衡祥)의 『탐라계록(耽羅啓錄)초(抄)』(1702)

이형상 목사가 제주목사로 재직하는 동안의 장계(狀啓)를 올렸던 기록들의 모음이 『탐라계록(耽羅啓錄)』인데 20개의 장계 중 제7계 '마정(馬政)에 관한 보고'에 우도와 관련된 기록이 있다. 장계의 내용으로 보아 이형상 목사가 우도 순력을 마치고 난 후 현 실태에 대한 보고를 올리면서 아울러 우도에 물을 저장할 저수지를 대대적으로 보완할 필요성을 등을 역설하고 있다. 우도와 관계된 부분만을 발췌해 옮기면 다음과 같다.

● 제7계

(전략) 우도에 따로 목장을 설치할 때에 시비가 여러 가지로 일어났었습니다. 오늘날 방목한 뒤에 이르러서는 백성들의 원성이 오히려 많아졌습니다. 대개 우도가 바람을 기다렸다가 왕래하는 곳이라서 함몰되기 십상이고, 백성들 부역이 너무 무거운데도 다시 따로 모장을 설치하여 더욱 번민스럽기

때문입니다.

나룻터 길이 더욱 험하고 건너가기에 어렵습니다. 말들을 점검할 때를 맞아 대신 군관을 보내도록 하는 일은 사목에 이미 있습니다. 목장의 이해와 마축의 잔성(殘盛)은 불가불 살펴야 합니다. 그러므로 신이 지난 달 친히 가서 살펴보았습니다. 공사의 둔마가 모두 수척합니다만, 이 섬의 말들은 매우 살찌고 윤기가 있습니다. 각 목장의 생산과 번식은 줄기만 하지 늘지 않습니다만, 이 섬의 말들은 또한 많이 번식하고 늡니다.

맨처음 방목한 것이 다만 150여 필이었으나, 삼 년 못 미쳐 수척해져서 죽은 숫자가 많아 150필에 이르렀으니, 거의 죽었다고 말할 수 있습니다. 그러나 7년 이내에 지금 260여 필에 이르며, 또한 준골(駿骨)들이 많습니다. 유한명(柳漢明)의 임기 때 둔마 목장을 설치한다고 비방한 것이 이미 실효가 있으니 진정 다행스런 일입니다. 다른 목장의 말들이 목졸(牧卒)로부터 시달려서 날마다 점점 감축되었음을 가히 미루어 알 수 있습니다.

그러나 사람이 살지 않는 땅이라 말이 생초(生草)를 얻어 그 번식한 바가 오늘날에 있습니다. 비록 그러하지만 흙의 품성이 들뜨고 메마르며 전혀 습기가 없습니다. 방목한 뒤에 손상훼손됨이 더욱 심하여 십 년 넘지 않아 필시 붉은 흙만 있는 민둥땅이 될 터이라서 이는 심히 우려됩니다. 두루 섬 안을 둘러보았는데, 생수(生水)가 한 군데도 없습니다. 지금 의뢰하는 것은 다만 두 군데 못을 파 두었던 빗물[天落水]입니다. 들뜨고 메마른 땅으로서 물이 모두 스며들므로 만약 조금만 가물어도 말들이 장차 모두 폐사할 것입니다. 이와 같은 형편에 이른다면 구제할 방책이 없습니다.

이제 관속을 뽑아 옛날 못을 더 파거나 새로운 둑을 신축하여 가을과 겨울에 물을 저장하는 계책으로 삼습니다. 그러나 물의 형세가 이와 같이 스며들므로 끝까지 득력(得力)할지의 여부는 사람의 힘으로 미치지 않는 바 있습니다. 이 뒤 형편과 모양을 마땅히 아뢰겠습니다.(* 譯文引用 - 『續耽羅錄』)

〈牛島別設之時是非多端及今放牧之後民怨尙多槩以候風往來之地陷沒最易民役至重之餘別設尤悶故也津路極險難於渡涉當其點馬之時代送軍官事已有事目而牧場利害馬畜殘盛不可不察故臣於前月親往看審則公私屯馬皆極瘦瘠而此島之馬甚爲肥澤各場産息有減無加而此島之馬亦多蕃孶當初所放者只是一百五十餘匹未及三年瘦斃之數多至於一百五匹則可謂盡死而七年之內今至二百六十餘匹且多駿骨柳漢明之任謗設屯者已有實效誠爲多幸而他場之馬困於牧卒日漸減縮者可推而知也然無人之地馬得生草其所蕃息在今日雖然土品浮燥全無濕氣放牧之後傷損已極不出十年必將赭禿此甚可慮而遍觀島中無一生水卽今所賴者只是兩處鑿池中天落水也浮燥之地水皆滲漏若逢小旱馬將

盡斃到此地頭無策可救今方調發官屬或鑿舊池或築新洑以爲秋冬貯水之計而水勢之滲漏如此末終得力與否有非人力所及此後形止從當啓聞〉(李衡祥,『耽羅啓錄(抄)』)

(13) 남구명(南九明)의 『우암선생문집(寓庵先生文集)』(1715)

○ 牛島

拏岑一脚走南東
斷入滄溟忽起峯
龜背草茅浮半沒
鵬霄雲日遠還通

洲平霧鬣千羣飮
巖罅龍宮萬舳容
多事化工勤用意
奇觀羅列浪花中

○ 우도

한라산에서 뻗친 다리 한 가닥 남동쪽으로 치달리다
잘리어 푸른 바다로 들어가 홀연히 봉우리 하나 솟았네.
곱사등 모양의 초가들 반은 뜨고 반은 잠겨
높은 하늘의 구름과 해, 저 멀리서 숨바꼭질하네.

평평한 모래톱에 안개 자욱하니 천 마리 말 물 마심인가
갈라진 바위 틈새로 생긴 용궁, 만 척의 배 수용하리라.
많은 일 벌여놓는 하늘의 조화, 부지런히 뜻을 펴서
기이한 볼거리 나열함이 물보라 꽃 일렁거림이라.

(* 필자 졸역)

우암(寓庵) 남구명(南九明, 1661~1719)은 숙종 40년(1712)에 제주판관으로 부임한 후 3년 남짓 재직했던 인물이다. 당시 제주목사는 이익한(李翊漢)과 변시태(邊是泰)였는데, 그가 판관으로 부임해오던 시기의 제주는 이미 한 해 전부터 극심한 기근(饑饉)과 역질이 발생하여 본도 주민 수천 명이 사망하는 대재앙을 맞는 불우한 시기였다. 이에 조정에 장계를 올려 진휼책을 강력하게 계청해 호남에서 진곡 수천 석과 조정에서 약품 등을 긴급히 들여와 구휼하는 데 힘쓰기도 했다.

한편 『조선왕조실록』 '숙종조'의 기록에 의하면 조정에서는 교리(校理) 황귀하(黃龜河)를 제주별견어사(濟州別遣御使)로 파견

하였는데, 이때 황귀하의 별단(別單)에 의거, 남구명은 제주판관의 자리에서 파직당하는 처지에 놓이게 됨이 적시되어 있다.

그의 '우도(牛島)' 란 시가 수록된 『우암선생문집(寓庵先生文集)』은 그가 제주판관으로 재직할 당시의 느낌들을 담은 시문들을 모아 후손들에 의해 엮어진 목판본 시문집이다. 이 시와 관련해 다른 어떤 언급도 없어 그가 당시 실제로 우도를 방문했었는지는 알 길이 없다. 특히 이 책에는 그가 제주판관으로 부임하면서 서울에서부터 임지인 제주에 도착하기까지의 자세한 기록이 「남정일기(南征日記)」로 남아 있기도 하다.

또한 이 책에는 「탁라가(乇羅歌)」란 제목의 시 세 편이 소개되고 있어 흥미를 끈다. 본래 이 시는 점필재(佔畢齋) 김종직(金宗直)이 성환역(成歡驛)을 지나다 진상 약재를 싣고 가던 제주인을 만나 지은 작품으로서 칠언절구 14수이다. 결국 이 책에서는 이 시 외에도 후인(後人- 구체적 인명을 밝히지 않음)이 지은 절구 14수를 수집하여 '보탁라가(補乇羅歌)' 로, 남구명 자신이 이 시를 차운해 지은 시 14수는 '우보탁라가(又補乇羅歌)' 로, 저자의 동생인 남신명(南愼明)이 기록한 14수는 '중보탁라가(重補乇羅歌)' 로 대별하여 게재하고 있다. 결국 「탁라가(乇羅歌)」는 김종직이 지은 시 외에도 세 편(칠언절구 42수)이 더 존재하는 셈이 된다.

이 밖에도 최부(崔溥)의 '탐라시 35절' 에서 차운(次韻)하여 똑같이 35절의 칠언절구 시를 남기고 있기도 하다.

(14) 이명운(李明運)의 『증보탐라지(增補耽羅誌)』(1765)

본래 이원진의 『탐라지』 내용을 증보한 『증보탐라지(增補耽羅誌)』(日本 天理大所藏本)를 편찬한 이를 두고 필자가 처음 생각하기로는, 영조 22년(1746) 제주에 감진어사(監賑御史)로 왔다가 바로 목사로 제수되었던 한억증(韓億增: 1689~?)일 것으로 추정했었다. 왜냐하면 그 책의 맨 끝부분의 내용이 한억증의 사례로 마감하고 있어서였다. 그런데 이 책 '과원(果園)' 조의 기술을 다시 유심히 살펴보다 보니 제주목사 정언유(鄭彦儒: 제주목사 재임기간 1749. 10.~1751. 8.)와 허유(許瑬: 제주목사 재임기간 1759. 5.~1762. 3.)의 이름이 등장하고 있음을 찾아냈다. 그러고 보면 이 책은 한억증이 편찬한 것으로 볼 수 없다는 결론이 나온다. 특히 감귤과원(果園)의 내용을 기록하면서 을유(乙酉: 1765)의 상황을 적시하고 있다. 이로 미루어 보아 이 책은 아마도 이명운(李明運: 제주목사 재임기간 1763. 7.~1765. 6.)의 저술일 가능성이 높다고 판단된다.

그가 남긴 것으로 추정되는 『증보탐라지』에 우도(牛島) 관련 기록들이 얼마간 실려 있다.

먼저 「산천(山川)」조에 실린 내용은 대개 일반적인 우도의 설명과 거의 동일하며, 임제의 『남명소승』에서 인용한 내용도 거의 같다. 다만 『지도(地圖)』「서(序)」에서 인용한 기록 중에 유한명

(柳漢明) 목사의 우도목장 신설 내용과 우도의 토산품으로 알려진 앵무라, 조개류 등의 설명이 다른 것에 비해 구체적으로 서술되어 있음이 특징적이다. 아울러 우도를 노래한 두 편의 시, 김정의 「우도가」와 김상헌의 칠언율시 「우도」가 소개되고 있다. 이어서 「토산」조에서의 설명은 『동국여지승람』의 그것과 거의 동일하며, '목양(牧養)' 조와 「구진(九鎭)」조, 「고금사적(古今事蹟)」조에서는 약간의 새로운 사실들을 언급하고 있다. 특히 우도목장 이설 건이 처음으로 거론되었다는 점에서 주목을 끈다. 그 내용을 소개하면 다음과 같다.(*인용부분 - 필자 졸역)

【산천(山川)】 ○ 우도

둘레는 50리이며, 주의 동쪽 정의(旌義) 지경에 있다. 사람과 말이 소리를 크게 지르면 곧 비바람이 친다. 섬의 서남쪽에 돌 구멍이 나 있는데 작은 배 한 척을 들여놓을 수 있다. 조금 더 나아가면 선박 5, 6척은 거뜬히 담아놓을 만하다. 그 위로는 큰 돌이 마치 집과 같은데, 만일 햇빛이 밝게 비추면 별들이 화려하게 늘려 놓인 것 같다. 공기는 매우 차고 싸늘해서 머리털이 위로 솟는 듯한 모습이다. 속설에 신령한 용이 잠겨 있는 곳이라서 7, 8월 사이에 고깃배들이 갈 수 없는데 만일 간다면 큰 바람과 벼락이 치며 비를 내리고 나무를 뽑고 곡물에 손해를 입힌다. 그 위에는 닥나무가 많다.

〈周五十里在州東旌義之境人馬喧則便有風雨島之西南有竇可容一小船稍進則可藏船五六艘其上大石如屋如有日光浮耀星芒燦列氣甚寒凉毛髮竦然俗號神龍在處七八月間漁舟不可往往則大風雷雨拔木損禾其上多楮木〉

(보충) 『남명소승』의 기록(*인용생략)

○ 『지도』 '서(序)' 에 이르기를 (우도는) 해안으로부터의 거리가 10리쯤이며 둘레 20여 리마다 숙종 무인(戊寅) 때 유한명(柳漢明) 목사가 말을 골라 구해서 풀어놓았는데 좋은 말은 국둔(國屯)마가 되었다. 앵무라 · 무회목 · 노실 · 자개[貝] · 대모 등의 물건들은 원래 이 섬에서 생산되는 것이 아니라 떠밀려와서 걸려든 것들인데 반드시 우도를 거치게 되어 있다. 바다수달[海獺], 가지(可支)의 족속들이 본래 이 가운데 존재한다.

〈地圖序云距海岸十里許周回二十餘里肅廟戊寅牧使柳漢明擇放良馬爲之國屯鸚鵡無灰蘆實貝玳瑁等物元非此島之産而浮流掛置必由牛島海獺可支之屬本在此中〉

○ 김정(金淨)의 「우도가(牛島歌)」(*인용 생략)

○ 김상헌(金尙憲)의 「우도(牛島)」(*인용생략)

【토산(土産)】

…대모(玳瑁) · 자개[貝] · 앵무라(鸚鵡螺): 이상 세 물건은 우도(牛島)와 대정(大靜)의 가파도(加波島)에서 난다 …무회목(無灰木): 우도(牛島)에서 나는데, 바다 가운데서는 부드럽고 연하여서 파도를 따라 위아래로 떠밀려 다니다가 물 밖으로 나오면 견고하고 단단해진다.…

〈…玳瑁, 貝, 鸚鵡螺: 已上三物並出牛島及大靜加波島 …無灰木: 出牛島在海中柔脆隨波上下出水乃堅硬…〉

【목양(牧養)】

우도 목장: 숙종 무인(戊寅) 유한명 목사가 종마 암수 2백 필을 취해서 풀어놓는 일을 처리함. 을유년 마적에 올라온 수는 부마(付馬) 344필 이내, 암말 174필, 수말 170필, 군두 및 목자 도합 35명이다.

〈牛島: 肅廟戊寅牧使柳漢明取種雌雄馬幷二百匹料理貿放 乙酉籍付馬三百四十四匹內雌馬一百七十四匹雄馬一百七十匹羣頭牧子幷三十五名〉

【구진(九鎭)】

○ 별방진(別防鎭): 주(州)의 동쪽 80리에 있다. 정덕(正德: 明 武宗) 경오년(庚午 - 1510, 中宗 5년)에 목사 장림(張琳)이,

이곳은 우도와 가까운 곳으로서 적의 요충지여서 김녕방호소(金寧防護所)를 이 성으로 이설시켰다. 둘레가 2천 3백 9십 척이며, 높이가 7척이 된다. 성정군(城丁軍)이 5백 9명이며, 치홀(雉揔) 4명과 조방장(助防將) 1인, 양방군(良防軍) 1백 명, 서기(書記) 7명, 궁인(弓人) 13명, 시인(矢人) 12명이 있다. 동남북으로 각기 3문이 있고, 그 위에 초루(譙樓)가 있다. 주창(州倉)이 있고, 2개의 샘우물이 있다. 객사는 삼 칸이고, 군기고는 4칸이다. 폐현인 김녕은 고려시대 때 처음 설치했다가 조선시대에 와서도 역시 방호소를 설치했는데, 예전의 전선(戰船)이 있는 어등포(魚登浦)인 곳이다. 이제 통폐합해서 위에서 보이듯이 방호수전소(防護水戰所)라 한 것이다.

〈○ 別防鎭: 在州東八十里正德庚午牧使張琳以此地爲牛島近處賊路之要衝撤金寧防護所移設于此城周二千三百九十尺高七尺城丁軍五百九名雉揔四名助防將一人良防軍一百名書記七名弓人十三名矢人十二名東南北三門上有譙樓有州倉有二泉井客舍三間軍器庫四間金寧廢縣高麗時始置我朝亦設防護所魚登浦舊有戰船今倂廢見上防護水戰所〉

【고금사적(古今事蹟)】

○ 만력 9년 선조 14년(1581), 신사(辛巳) 목사 김태정(金泰廷)이 왜선 1척을 우도와 성산 사이에서 나포했다.

〈萬曆九年宣祖大王十四年辛巳牧使金泰廷捕倭船一隻於牛島城山之間〉

○ 숙종 24년(1698) 무인(戊寅) 유한명(柳漢明) 목사가 우도 목장을 신설했다. 종마(種馬) 암수 200여 필을 사들여 풀어놓는 일을 처리했다.

〈肅宗大王二十四年戊寅牧使柳漢明新設牛島牧場: 取種馬雌雄幷二百餘匹料理貿放〉

【열조특전어사순막(列朝特典御史詢瘼)】

○ 병인(丙寅)년(1746) 봄에 감진어사(監賑御史) 사복정(司僕正) 한억증(韓億增)이 들어왔다. …쌀 8천 9백 석을 옮겨와 섬 주민들에게 하사해서 진휼했고 과시를 치러 인재를 뽑았음…직접 부임해 계문(啓聞)할 별단의 내용들… '우도의 목장을 이설하는 일'

〈丙寅春監賑御史司僕正韓億增入來…移轉米八千九百石賜賑島民試才…啓聞直赴別單中…牛島場移設事〉

(15) 이원조(李源祚)의 『탐라지초본(耽羅誌草本)』(1841)

이원조(李源祚: 1792~1872) 목사는 제주목사로 재임하는 동안 4종의 제주관련 저술을 편찬하였다. 즉, 『탐라지초본(耽羅誌草本)』·『탐라록(耽羅錄)』·『탐라계록(耽羅啓錄)』·『탐영관보록(耽營關報錄)』 등의 저술이 그것이다.

특히 이원조 목사의 재직시절에 우도목장을 이설하고, 처음으로 우도에 사람이 들어가 살면서 경작을 할 수 있도록 중앙 조정에 장계를 품신한 기록이 여러 곳에 보인다. 그런 의미에서 역대 제주목사 중 이원조 목사가 우도와 가장 밀접한 관련을 맺는 것으로 나타난다.

『탐라지초본』에 우도와 관련된 기록은 '도서(島嶼)' 조에 우도에 대한 개괄과 함께 김정(金淨)의 우도가, 김상헌(金尙憲)의 「우도(牛島)」를 실어 소개하고 있으며 '변정(邊情)' 조에는 순조 9년(1809) 우도 앞바다에 표류한 류쿠국(琉球國) 사신들의 기사가 실려 있다. 그 내용을 살펴보면 다음과 같다.

【도서(島嶼)】

○ 우도: 주읍에서 동쪽으로 80리에 위치하고 별방진(別防鎭) 아래쪽에 있다. 둘레는 50리이며 형세가 흡사 소가 누워 있는 '와우형(臥牛形)'의 모습이다. 서남쪽에 돌로 된 구멍이

있어 작은 배 한 척쯤 들여놓을 만하고 조금 더 나아가면 배 5, 6척은 능히 담아놓을 수 있다. 그 위에는 큰 돌이 마치 집과 같이 생겼는데 만약 햇빛이 물에 비쳐 반짝거릴 때는 별들이 찬란하게 늘어선 듯하다. 찬 공기 기운이 사람을 움추러들게 한다. 속설에 전하길 신비로운 용이 잠겨 있는 곳이라는 이곳에는 7, 8월 사이에 고깃배들이 갈 수 없고 간다면 곧 큰 비바람이 불어서 나무가 뽑히고, 곡물이 손상을 입게 된다. 그 위에는 닥나무가 많다.(*필자 졸역)

〈○ 牛島 - 在州東八十里別防鎭下周五十里形如臥牛西南有竇可容一小船稍進則可藏船五六艘其上大石爲屋如有日光浮耀星芒燦列寒氣逼人俗號神龍在處七八月間漁舟不可往往則大風雨拔木損禾其上多楮木〉(李源祚, 『耽羅誌草本』)

○ 충암(冲庵) 김정(金淨)의 「우도가(牛島歌)」(*인용생략)

○ 청음(淸陰) 김상헌(金尙憲)의 「우도(牛島)」(*인용생략)

【변정(邊情)】

순조(純祖) 9년(1809) 기사(己巳)에 류쿠국(琉球國)의 순견관(巡見官) 옹세황(翁世煌)과 사관(史官) 비세강(妣世康), 모유환(毛維煥)이 우도(牛島) 앞바다에 표류하여 왔다. 순견관의 상투 위에는 금비녀가 꽂혔는데, 비녀 머리부분은 국화와 같았다. 자릉관(紫綾冠)을 쓰고 허리에는 황단대대(黃緞大帶)를 찼으며, 발에는 홍화(紅靴)를 신었다. 사관은 모두 은비녀를 꽂았으며, 황릉관(皇綾冠)을 썼다. 감색(紺色) 두루마기[周衣]를 착용하였는데 소매는 컸고 옷단은 길었다. 정황을 물어 기록한 문서[問情記]에 말하기를, "국왕의 명령을 받들어 민생을 시찰하다가 대도(大島)에 도착하여 일을 마치고 돌아가다가 폭풍우를 만나 표류해 왔다. 수도는 중산(中山)땅에 있으며, 나라 풍속에 제후는 인신(印信)이 없어서 공문서에는 모두 흑추(黑套)를 사용한다. 순견관은 3품직이며, 사관은 5품직이다."고 했다.(*역문인용 - 담수계편, 『증보탐라지』)

〈純廟己巳琉球國巡見官翁世煌史官姚世康毛維煥漂到牛島前洋巡見官髻上揷金簪簪頭如菊花戴紫綾冠冠樣如幞頭腰拕黃花緞大帶足躡紅靴子史官揷銀簪戴黃綾冠皆被紺色細揮衣大袖長裔問情記曰奉國王命巡察民情到大島竣事回遇風漂來王都在中山地東西三百里南北五百里海中有三十六島大小不同里數則或五天程或十天程皆水路島中各有官長與人爲上官橫木爲下官自其國距大淸福建爲十五天程國俗都無印信公行文蹟皆以墨套用之巡見官是三品職而管公物移拜史官是五品職而自內職中移除云〉(*李源祚, 『耽羅誌草本』)

(16) 이원조(李源祚)의 『탐라록(耽羅錄)』(1841)

『탐라록(耽羅錄)』은 이원조 목사가 헌종 7년(1841) 제주목사로 부임해 와 재임하던 기간 동안의 기록을 일기체 형식으로 기술한 일종의 시문집류이다. 19세기 당시 제주의 실상을 잘 담고 있으며, 특히 우도와 관련해서는 사복시, 비변사 등에 보고한 내용과 심지어 영의정께 올리는 글까지 수록되어 있어 당시 이원조 목사가 우도의 발전을 위해 애쓴 흔적들을 확인하게 된다. 본 『탐라록』의 우도 관련 기록들은 이미 지난번 『우도지(牛島誌)』(1996)에 밝혀진 바 있다. 여기에서는 원문(原文)을 새로 첨가하여 함께 소개한다.

- 신축년 4월 23일: 본도의 민사(民事)를 비국(備局)에 보고하는 글

자신이 목사로 부임한 뒤에 뜰에 가득히 쌓인 소장의 내용을 보니, 대부분이 밭을 다투고, 재물을 훔치며, 인륜을 해치고, 의리에 어그러진 사건과 관련된 것들이었다. 이러한 지경에 이른 것은 일정한 생업이 없어서 본심을 잃은 데 연유하는 것이다. 그래서 즉시 이민들을 불러 모아 질고를 물었더니, 여러 사람이 일제히 요청하는 것이 "조정에서 특별히 베푸는 은

전을 입고자 하는 것이며 이에는 두 가지가 있다."고 하였다. 하나는 육지에서의 양대(凉臺)의 직조(織造)를 금지해 달라는 것이고, 또 하나는 우도와 가파도의 개간을 허가해 달라는 것이었다.

우축(牛畜)은 이미 향용(享用)에 관계되고, 마장(馬場)도 또한 군비(軍備)에 관계되니, 수신(守臣)이 된 자 어찌 성급하게 개간을 허락하는 일을 청할 수 있겠습니까? 다만 이 두 섬은 명색이 방목이라고 하지만 실제는 쓸모가 없습니다. 우도장(牛島場)은 장부에 올라 있는 말이 2백여 필이고, 가파도는 장부에 올라 있는 소가 1백여 필인데, 모두 해로가 험악한 곳에 위치해 있고, 포구도 수십 리 떨어진 곳에 있어, 왕래가 불편하고, 우마를 돌보는 사람들도 없이 한번 방목하고는 그 자폐에 맡겨버렸습니다. 비록 때때로 사람을 보내어 점검한다고 하지만 우마의 눈에 사람이 익숙지 못하여 재갈을 채울 수도 없고, 공헌(貢獻)에 충당하는 데에도 도움이 되지 못하여 한낱 도적을 유혹하는 도구가 되어버렸습니다. 형편으로 논하면 원래 긴요한 것이 아니므로 계미년 봄에 위론어사(慰論御史)의 별단(別單) 중에 "두 섬의 우마를 각 목장에 분산 배치하고 즉시 백성들에게 갈아먹도록 허가하였다가 3년 뒤에 세금을 거두면, 공용(公用)에 도움이 되고 민역도 빙지할 수 있다."고 청하였습니다. 묘당(廟堂)에서도 아뢰기를 "탐라의 토질이 본래 척박한 데다 폭원(幅員) 4백 리 내의 14개 목장이 거의 탐라의 반을 차지하고 있어서, 풍년에도 곡식이 귀할 것을 염려하고 흉년이 되면 오로지 육운(陸運)에 의지해야 하니, 지금 쓸모없는 목장을 혁파하여 우마를 부근의 목장에 분산 배치하고, 백성들에게 들어가 살면서 개간하도록 허가하면 몇 천 경의 경지를 만들 수 있고 또 수만 섬의 실곡(實穀)을 거둘 수 있으니, 어찌 그 이로움을 걱정하겠습니까? 본도의 식량을 넉넉하게 하는 방도는 조정에서 항상 걱정하는 바이나, 어사의 말이 또한 이와 같으니 반드시 목격하여 상세히 아는 자가 있을 것입니다. 당해 사복시로 하여금 보고하여 처리하게 하되, 시행하도록 허가해야 할 것입니다." 라고 하였으니, 윤허를 받기에 이르면 이는 곧 이미 은혜를 베푸시는 것과 다름이 없습니다. 사리의 편리 여부는 다시 의논할 필요가 없겠으나, 지금에 이르기까지 그대로 방치해두고 시행하지 아니하니 민정(民情)은 괴이쩍지 아니하나 억울한 사정을 다시 논의하여 보고하오니, 결정하여 지시를 내리면 국축(國畜)에 있어 줄어드는 폐해가 없고 백성의 재산에 있어서도 풍유해지는 이로움이 있어 공사(公私)가 실로 다 편할 것입니다. 운운

〈○ 辛丑 四月 二十八日 '以本島民事報備局文'

云云本島屬在重濱千里之遠僅比內地數州之廣而特以貢獻之重也關防之要也

朝家柔遠之政每出於常格之外有願必遂無隱不遠環一島幾萬生靈煦湧涵育於浹仁厚澤之中而不幸年來衆瘼蝟集農商俱病生理凋耗風俗薄惡駸駸有莫可收拾之慮牧使莅任之後盈庭訴牒太半是爭田攘財傷倫悖義之事其所以致此者不過曰無恒産而喪本心也惻然而憫竦然而懼遂迺登進吏民詢問疾苦則其所齊聲伱請祈蒙

朝家特施之恩者有二件事其一卽內地凉臺織造防禁事也盖本島海惡山險農桑旣非所宜漁採亦多失利所資而爲生者惟凉臺一業而已産竹非獨此地凉臺人皆可能而曾前統營一府外不許織造使濟民專具利者誠以濟民非此業則無以聯生也當初法意實非偶然而近來內地之人喜着綜凉貴賤上下廍然成風京城在甚四方效嚬名以豈匠無人不迭織之甚易賣之無難濟凉之依前嬾織自歸無用商旅斷絶貨路閼塞爲濟民者勢出不已於是乎貿來陸竹强學統制而物非土産費已不質手不素嫺制亦稍劣遼承無色夏鮮莫售滿船而往兼索而歸若此不已則不出數年濟民將盡索採枯魚之肆矣此非但爲一島民産之可念而高髻廣柚亦係侈靡之痼俗倘蒙嚴立新條申明舊制凡係朝幸戎服絲朱笠外以統凉製笠者一切防禁而統管一府外織迭凉臺者依前嚴禁則其於軫島民禁侈風之道不害爲兩得其一卽牛島加波島牧場許耕事也

牛畜旣係享用馬場亦關戎備爲守臣者何敢遽請許耕而第此兩

島名雖放牧實則無用牛島場馬在籍者爲二百餘匹加波島牛在籍者爲百餘匹而皆處在海路險惡距浦口數十里之地往來不便看護無人一番放牧任其孳孶雖或時迭點閱而眼目不慣啣勒莫施未作亥貢之用徒爲餌賊之具論以形便本非緊要故癸未春慰論御史別單中以兩島牛馬分置各場仍爲許民耕食三年後執稅以補公用防民役爲請而廟堂覆

啓以爲耽羅土品本自瘠薄幅員四百里之內十四處牧場殆占其半樂歲每患穀貴少遇歉荒則專恃陸運今罷無用之牧場分置附近許民入接而畊墾則可作幾千頃田疇得收數萬斛實穀其利慱哉本島裕食之道朝家之所常軫念者而御史之言又如此必有所目擊而詳知者矣令該寺稟處以爲許施之地至蒙

允下則此便是已施之恩也事理之便否無容更議而至今格而不行民情無怪泄鬱者蒙更爲論啓夬降指揮則在國畜無耗縮之實在民産有豊裕之和公私實爲兩便云云〉(李源祚,『耽羅錄』)

● 임인년 4월 27일: 영의정께 올리는 글[上領閣書]

…목장이 사복시에 속하므로 사리는 물론 합당하나 도속(島俗)이 육지와는 다르므로 당초 논의하여 보고할 때에 수세(收稅) 규모의 대략을 결정하는 데 미치지 못하고, 다만 목장전(牧場田)의 예에 따라 말하였을 뿐인데, 백성들이 모두 애매하

지만 그대로 따르는 실정이었습니다. 그러나 개간을 허락하는 공문을 보고서는 망령되이 의심하고 걱정하는 마음이 생겨 모두가 개간을 원하지 않았습니다.

뭇사람들이 말하기를, "본주의 토지는 당초 세금이 없고 오직 목장의 범경처(犯境處)에만 수세하여 경비로 지급하는 예가 있었으나 그것도 개간함에 따라 세가 따른 데 불과하여 석두(石斗)에 승합(升合)을 거두었으므로 백성들이 원망하지 않았습니다. 지금 만일 양도(兩島)의 세를 사복시에서 관장하여 한번 법식을 정하게 되면 묵은 밭과 개간한 밭을 구별할 것 없이 해가 오래 되면 폐가 생겨 서울에서 감독관이 반드시 내려오게 될 것이며, 만일 이러한 길이 한번 열리고 나면 장차 목장전과 아울러 중세(重稅)하여 목전(目前)의 이(利)를 탐할 것이므로, 앞으로 닥칠 일을 아뢰기를, 처음부터 개간하지 않음만 못하다."고 하였습니다. 처음에는 이미 민원(民願)에 따라 논의하여 보고하였으나 끝에 가서는 민정(民情)을 어기기 어려워 강력히 권하였으나 일의 형세가 양난이므로 아직 그대로 두었습니다. 이는 3년 뒤의 일을 현재 관직에 있는 자가 미리 알 수 있는 것도 아니며 일을 처음 시작할 때에 잘 재량(裁量)하여 처리하지 못하고 또 즉시 받들어 행하지 못한 것이 애통하고 죄송함은 이루 다 말할 수 없습니다.

〈○ 壬寅 四月 二十七日: 上領閣書

…牧場之屬于該寺理固當而島俗異於內地故當初論報時收稅之規未觀未及質定只依場田例爲言民盖諾諾矣及見許耕關辭妄生疑慮皆不願耕衆民之言以爲本州原田初無

王稅惟牧場犯耕處有收稅公下之例而亦不過隨起隨稅石斗而取升合故民不爲冤今若以兩島之稅句管於該寺則一番定式陳起無別年久弊生京監必來此路一開將幷與場田而增稅貪目前之利啓來頭之害初不如不耕之爲愈云始旣從民願而論報終難咈民情而强勸事勢兩難姑而仍置三年後事非今日居官者之所可預知而刱事之初不善裁度俯教之下未卽奉行不勝慚悚之至〉(李源祚, 『耽羅錄』)

- 계묘년 4월 초하루: 우도마환급민, 계

우도의 별둔마를 각 목장에 분산시켜 떼어주고 백성들에게 개간을 허락하는 일은, 이미 비변사에 보고하고 왕에게 아뢰어 허락을 받았습니다. 그러나 금년은 또 1년 걸러 점고하여 낙인할 차례이므로 전례에 따라 몰아다 점고한 뒤, 수효를 참고하여 원본과 대조하였습니다. 신축년의 마적에 올라 있는 말이 247필이고, 여기에 임인 · 계묘 두 해에 생산된 말 21필을 추가하여 넣으면 합계가 268필입니다. 그중에서 고실마(죽은 말) 38필을 계산하여 제외하면 점검에 응할 말은 230필이 되는데, 이들을 몰아내어 바다를 건널 때에 말의 성품이 한악하여 굴레나 고삐를 받지 아니하고 뱃길이 위험하여 날짜가 많이 걸리니, 금면에 생산된 말과 늙은 말 중에서 저절로 치사하는 것이 많고 목장이나 선상 · 길에서 치사하는 수도 무려 34필이나 되었습니다. 이는 실로 일의 형세가 그러한 소치로 까닭 없이 결축한 것과는 다르니, 사목에 따라 변상해내는 데 어려움이 있음을 시급히 건의하옵니다. 각 목장에 분산하여 처리하는 데 대한 편리 여부를 다시 마감과 군두에게 물었더니, "모두가 수초의 메마르고 풍성함이 이미 다르고 마성의 생숙이 같지 않으며 서로 관리하여 길들이지 못하여, 저절로 흩어지고 모사할 염려에 이르는 것이 십중팔구에 이른다." 하니, 그 심신하는 방도는 합유하는 방편의 계책에 있습니다. 유방마(놓아 기를 말) 196필을 모두 민둔에 분급하여 그들로 하여금 환납하도록 하되, 그중에 자열한 것은 지급량을 추정하고 값을 더하여 백성들로 하여금 원망이 없도록 하십시오. 공마를 봉진할 때에 각 목장에서 마땅히 할 말은 이러한 수효로 계산하여 제외하면 방목하지 아니하여도 공사의 말을 방목한 것과 같으니 실로 양편이 됩니다. 원래의 마필대장은 연말을 기다려 해사에 올려보내되, 이로부터 전례에 따라 혁파하고 공마는 다 채웠으니, 금년부터는 마필대장 한 조목이 효지부지되는 연유를 삼가 갖추어 아뢰옵니다.

〈○ 癸卯 四月 初一日: 牛島馬換給民屯, 啓

牛島別屯馬散付各場許民耕墾事曾已報備局草記蒙允而今年又爲間年點烙之當次故依例驅點後照數考準是白在果辛丑年籍付馬二百四十七匹壬寅癸卯兩年加入生産馬二十一匹合馬二百六十八匹內故失馬三十八匹討除則應點馬爲二百三十匹而驅出渡海之際馬性悍惡不受羈靮船路危險多費白字今生馬及老馬自多致斃場頭船上及路中致斃之數馬三十四匹之多是白乎矣此實事勢所致與無端缺縮有異依事目徵出有難遽議是白遣分處各場之便否更爲詢問于馬監羣牧則皆以爲水草之磽沃既異馬性之生熟不同不相狎馴自致散逸耗斃之慮十當八九是如其在審愼之道合有方便之策故留放馬一百九十六匹一倂分給民屯使之採納貢馬而其中雌劣者量給添價俾民無怨是白遣貢馬封進時各場當納馬以此數計除則不放而猶放公私實爲兩便是白乎称原成籍之待年終上送該寺自是前例而今已罷屯盡亥貢馬則自今年爲始成籍一款自歸勿論錄由謹具 啓聞〉(李源祚, 『耽羅錄』)

계묘년 6월 초이일: 두 섬의 납세하는 일을 사복시에 보고함

양도(兩島)에 기경을 허가한 일은 전에 이미 초기를 받아 널리 알렸으나 도민이 사복시에 세금을 바치라는 전령을 듣고 크게 의심하는 마음이 생겨 처음에는 기경을 원하지 아니 하였습니다. 애초에는 이미 민원에 따라 앙청하였지만 끝내는 민정을 떨치기 어려워 강력히 권장하였다고 하므로, 금년 봄에 이르러 비로소 목마를 몰아내고 그 땅을 비워서 명단을 지급하고 그들로 하여금 기경케 한즉, 소는 있으나 종자가 부족한 백성들은 오히려 회의하여 관망하며 한결같이 받기를 원하지 아니하였고, 받기를 원하는 자는 단지 땅이 없는 백성 약간일 뿐이었습니다. 그러나 가파도는 한 사람도 들어가 개간하지 않았습니다. 우도는 비록 간간이 들어가 개간하였다고는 하지만 봄부터 여름까지 개간한 것은 백분의 1에 불과하온 바, 만약 원래의 사례에 따라 3년 뒤에 기경하는 대로 조세를 징수하면, 그 거둬들일 합계가 영성할 것이고, 만약 전도가 다 개간되기를 기다린 뒤에 비로소 총계를 잡으면, 세월을 끌며 미룰 것이니 목장에 나가도 기약이 없고 남몰래 일의 형세를 헤아려 보니, 앞으로 세금을 징수할 일이 지극히 난처하고 목하 경작을 원하는 방도에도 더욱 좋은 방책이 없습니다. 대개 그 원전에 세금이 없는 것은 보고 들어서 이미 알고 있으며, 장세는 기경하는 대로 가늠하여 전례를 삼겠다고 여러 가지로 효유하였으나 끝내 의혹을 풀지 못하였습니다. 부유한 자는 스스로 물러나고, 가난한 자는 힘이 매우 약하기 때문입니다.

목사는 이에 체귀하는 날을 당하여 미리 일어나지 않은 일을 염려할 필요는 없으나 내가 청득하면서부터 조처를 잘해

나가지 못한 소치로 만일 일후에 목사가 되는 자는 위로는 사복시의 독책을 당하고, 아래로는 도민의 가적을 끼치게 되니 어찌 사사로운 마음이 편안할 수 있겠습니까?

만약에 조가에서 별도로 신칙하여 유원하는 뜻을 입어 특별히 영실하는 뜻에 부쳐 사복시에 납세하라는 전령을 도로 거두면, 도민의 감덕함은 이미 말할 것도 없고 목사도 또한 백성을 이롭게 하려다가 반대로 백성을 학대하게 되는 죄를 면하게 될 것입니다. 이에 감히 번거롭고 외람됨을 꺼리지 않고 연유를 갖추어 논보하고 삼가 지시를 기다립니다.

〈○ 癸卯 六月 初二日: 兩島納稅事報司僕寺

兩島許耕事曾已承單記行會而島民聞納稅京寺之令大生疑慮初不願耕始旣從民願而仰請終難拂民情而强勸是如乎拕至今春始爲駈牧而空其地給案而使之耕則有牛有種之民尙懷觀望一不願受是遣願受者只無土貧民若干人而加波島尙無一人入墾牛島難間間入墾自春至夏所墾不過百分之一是白乎所若依原事例三年後隨越隨稅則其所收合極爲零星若待全島盡墾後始爲就摠則延拕歲月出場無期窃料事勢來頭收稅之事至爲難處目下勸耕之道尤無善策盖其原田無稅聞見已熟場稅隨起視以爲例多般曉諭終不鮮惑饒者自退貧者力錦

牧使今當遞歸之日不必顧憂未然之事而自我請得不善措處致使日後爲牧使者上而受京司之督責下而賂島民之怨讁則是豈

和心之所敢安哉若蒙

朝家別視柔遠之意特附寧失之義還收納稅京寺之令則島民之含恩感德已無可言而牧使亦免欲爲利民反爲厲民之罪也玆敢不嫌煩猥具由論報恭俟指揮〉(李源祚, 『耽羅錄』)

(17) 이원조(李源祚)의 『탐영관보록(耽營關報錄)』(1841)

이원조(李源祚)의 『탐영관보록(耽營關報錄)』은 저자가 제주목사로 재임시 부임하면서부터 관계한 제주목 관련 각종 중요 공문서들의 내용을 수록한 책이다. 여기에는 비변사에 보고한, 우도와 가파도의 개경 허가와 관련된 내용과 함께 양읍에 중앙조정에서 허가를 득한 사실을 시달한 내용을 담고 있다. 이 역시 지난번 『우도지(牛島誌)』(1996)에 소개되었던 바, 원문(原文)과 함께 소개한다.

- 신축년 10月 29일: 비변사(備邊司)에 보고함[謄報備局]

본 제주도는 사면이 바다로 둘러싸였고, 한라산이 그 중앙에 위치하였으며, 주위 4백리 사이에는 또 사람이 사는 취락과 숲 · 시내 · 골짜기 등이 있습니다. 이를 제외하면 개간한 토지는 10분의 1 · 2에 불과하고, 10개 소의 목장도 또한 그 반을 차지하고 있으니, 백성들이 경작하고자 하여도 땅은 금과 같이 귀하고 해마다 곡식이 여물지만 식량은 옥과 같이 귀하여 자고 이래로 먹고살기에 어려움이 있는 것은 지세가 그렇게 되어 있는 데에 말미암은 것입니다.

근래에는 또 인구가 점차 불어나 백성들의 살림살이가 더욱 쪼들리고, 양죽(凉竹)이 이(利)를 빼앗아 육선(陸船)이 이르는 일이 드물어졌는가 하면 어관이 업을 잃고 해호(海戶)가 많이 줄어, 땅이 없는 백성은 입에 풀칠한 계책이 없습니다. 목장전(牧場田)은 주인의 승낙도 없이 불법으로 경작되고, 잡초를 깡그리 태워 밭을 일구는가 하면 남의 땅을 몰래 개간하고 빼앗아 서로 다투어 소송합니다. 풍속의 야박함이 이와 같아 이를 멈추지 않으면 몇 년 못 되어 전도의 생령(生靈)이 장차 수레바퀴 자국에 고인 물속에 갇혀 있는 붕어의 신세가 되고 말 것이니, 어찌 민망한 일이 아니겠습니까?

목사는 부임한 이후에 질고를 물어보고 민정을 살펴보았더니, 일제히 몰려와 하소연하는 것은 우도와 가파도 두 지역의 목장을 개간하는 일이었습니다. 우축은 이미 향용에 관계되고 마축 또한 군비에 관계되니, 수신(受臣)이 된 자 어찌 성급하게 이를 진정할 수 있겠습니까? 다만 백성의 하소연이 이와 같으므로 그 설치의 본말을 소급하여 자세히 참고하고, 그 개간할 수 있는 자초지종을 자세히 조사했더니, 두 섬에 목장을 설치한 데에 대해서는 별다른 문적은 없으나 대략 백 년 전후에 불과하였고, 그것도 10소장 소속에 불과했을 뿐입니다. 대체로 두 지역이 해로가 험한 곳에 있고 포구가 수십 리 밖에 떨어져 있으니, 왕래가 불편하여 우마를 돌보는 사람이 없습니다.

우도의 말은 대장에 올라 있는 것이 2백여 필이고, 가파도의 소는 대장에 올라 있는 것이 70여 마리입니다. 그러나 한 번 방목하고는 그 자폐에 맡겨버렸으니, 비록 때때로 사람을 보내어 점검한다고 하지만은 처음에는 우마가 사람에 익숙지 못하여 놀라 날뛰고 광분하여 재갈을 물릴 수 없고, 공헌(貢獻)에 충당하는 데에도 도움이 되지 못하여 한갓 포기하는 물건이 되어버렸습니다. 연전(年前)에 다른 나라 배에서 잡아간 것도 거울 삼을 만합니다.

형편으로 논하면, 본래 긴요하지 아니하나, 지형으로 말하면 우도는 동서가 5 · 6리, 남북이 10여 리이고, 가파도는 동서가 5 · 6리, 남북이 4 · 5리입니다. 당초에 사람이 살지 않아서 폐허가 된 지 오래되었으나, 갈대가 썩어 쌓이는 곳이고 우마가 오줌 누워 질퍽한 곳이니, 토성(土性)이 견실하고 토양이 비옥하여 수백 호가 넉넉히 차지하여 살면서 몇 천 경의 경지를 일굴 수 있습니다.

그러므로 지난 계축년 봄에 위론어사(慰論御史)의 별단(別

單) 중에 "두 섬의 우마를 10소장에 분사하여 배치하면, 방목의 여지가 또한 있을 뿐만 아니라 길들이기 어려운 가축도 사람의 견제를 받으면, 포기할 물건이 도리어 유용하게 되어 목정(牧政)에도 보탬이 되지 않을 수 없으니, 그 땅을 백성들에게 허락하여 갈아먹게 하고 3년 뒤에 세금을 부과해서 공용(公用)에 보태면, 민역을 방지하게 되어 실로 지리(地利)나 인화(人和)의 효과도 될 것이라."는 사연이 있었습니다.

묘당(廟堂)에서도 보고하기를,

"탐라의 토질은 본래 척박하여 풍년에도 곡식이 귀소(貴少)할 것을 염려하고 흉년이 되면 오로지 육운(陸運)에 의지하게 되므로, 이제 쓸모없는 목장을 혁파하여 우마를 부근의 목장에 분산시켜 두고, 백성들에게 들어가 살면서 개간토록 허가하면, 어찌 이로움을 근심하겠습니까? 본도의 식량을 넉넉하게 하는 방도는 조정에서 항상 걱정하는 바이며, 어사의 말도 또한 이와 같으니 반드시 목격하여 상세히 아는 자가 있을 것입니다. 당해 사복시(司僕寺)로 하여금 왕에게 아뢰어 처리하게 하되 한결같이 시행함을 허락하는 것이 어떻겠습니까?"

라고 하였으니, 윤허를 내리게 되면, 이는 이미 은전을 베푸시는 것이 됩니다.

일의 편리 여부는 다시 논의할 필요가 없겠으나 지금에 이르러 민정의 억울함을 잠시 눌러두고 다시 논계하오니, 결정하여 지시를 내리시면 국축(國畜)에 있어서도 줄어들 걱정이 없고, 민식(民食)에 있어서도 풍족하고 넉넉할 이로움이 있어서 공과 사에 실로 다 편할 것입니다. 비변사에 참작하여 처분하도록 (분부하옵실 일).

〈○ 辛丑 十月 二十九日: 謄報備局

本島四面環海拏山中據周回四百里之間除却人居聚落及林藪溪壑外起墾之土不過十分之一二向十處牧場又占其半民雖款耕而地貴如金歲雖登稔而穀貴如玉自來艱食實由於地勢之使然而近又生齒漸繁民産盖枵凉竹奪利陸船稀到漁灌失業海戶多縮無土之民糊口沒第場田冒耕火畬偸墾撲奪爭訟風俗偸薄若此不正則不出幾年全島生靈擧將爲涸轍之鮒矣豈不悶哉牧使莅任以後詢問疾故採取民情則其所齊觳仰訴牛島加波島刑處牧場起耕之事也牛畜旣係享用馬政亦關戎備爲守臣者何敢遽甫陳請而民民訴旣如是故溯考其設置本末首審其可墾形土則刑島設場別無文蹟而安不出百年前後不過十所場二附庸而已盖其他俱在海路險惡距浦口數十里之外往來不便看護無人牛島馬在籍者爲二百餘匹加波島牛在籍者爲七十餘首而一番放牧任其孶孳雖時送點閱而初不慣人駭躍狂奔銆勒英施未作充貢之用徒爲抛棄之物年前異船槍去之事亦可鑑矣論以形便本非緊要以地形言之牛島東西爲五六里南北爲十餘里加波島東西爲五六里南北爲四五里而初無人居陳廢已久葭葦之所朽積

牛馬之所溲渤土性堅實糞壤肥沃優占數百戶村居可作幾千頃田疇故向在癸未春尉論御史別單中以爲兩島牛馬分置十所諸場非但放牧之尙有餘地難馴之畜受人牽制抛棄之物反爲有用牧政不爲無補以其地許民耕食三年後執稅以補公用防民役寔爲地利人和之效爲辭而

廟堂覆啓以爲耽羅土品本自瘠薄樂歲每患穀貴少遇歉荒專特陸運今罷無用之牧場分置附近許民入捿而耕墾則興其利慱哉本島裕食之島朝家之常所軫念而御史之言又如此必有目擊而詳知者矣令該寺 稟處一爲許施之地如何至蒙允下則此便是已施之恩也事之便否無痛更議而至今寢置民政柳鬱若蒙更爲論啓快降指揮則在 國畜無耗損之患在民食有豊裕之利於公於私寔爲兩得 司敎是參商處分爲只爲〉(李源祚,『耽營關報錄』)

- 임인년 2월 초삼일: 공문을 양읍에 발송함(發甘兩邑)

본도 백성들이 먹고살기에 어려움이 있는 것은 오로지 토지를 개간하지 아니한 데에 연유하는 것이다. 그러므로 우도와 가파도의 개간을 허가하는 일을 묘당(廟堂)에 요청하였더니, 다행히 보고하여 시행하도록 허락받았다.

지금 봄기운이 점차 개간하는 데에 알맞아 가고 있으니, 이 때에 마축(馬畜)을 처리하는 문제와 농민에게 땅을 나누어 주는 절차를 의논하여 정하지 않을 수 없고, 그런 뒤에야 (농민들이 개간의) 때를 놓칠 염려가 없을 것이다.

따라서 마을의 향장리와 백성들에게 알려서 상의하고 의견을 종합하여 보고하면, 그 재량한 바를 다시 영(營 - 제주목)에서 절충하여 규식을 정할 것이니, 이 달 보름 안으로 기한을 정하여 사리를 보고해야 할 것임.

〈○ 壬寅 二月 初三日: 發甘兩邑

本島民食之艱全田於土地不數故以牛島加波島許耕事仰請廟堂幸蒙覆啓許施見

今春氣漸敍耕懇伊時馬畜區處之道農民分給之節不得不及

今議之然後可無失時之歎鄕將吏人民登處知委尙確收議以報則其所裁酌更當自營折衷從長之式限今月望前論理報來宜當向事〉(李源祚, 『耽營關報錄』)

(18) 장인식(張寅植)의 『탐라지(耽羅誌)』(1841)

장인식(張寅植)의 『탐라지(耽羅誌)』는 이원조(李源祚)의 『탐라지초본(耽羅誌草本)』을 저본(底本)으로 하여 제작 편찬된 것이기에 그 내용이 거의 유사한 부분이 많다.

우도와 관련해서는 다만 「변정(邊情)」조에 영국의 함대가 우도 앞바다에 정박하여 우도를 조사한 기록이 추가로 수록되어 있는 정도이고, 역대 제주목사들의 업적을 수록한 「선생록(先生錄)」조에서 유한명(柳漢明) 목사 때 우도에 말목장을 개설한 사실을 새로 언급하고 있다.(*이하 내용소개 -필자 졸역)

【도서(島嶼)】

○ 우도: 둘레가 50리이고 주읍의 동쪽 정의(旌義) 지경에 있다. 사람과 말이 크게 소리를 내면 곧 비바람이 친다. 섬의 서남쪽에 돌구멍이 나 있어 작은 배 한 척쯤은 들여놓을 만하다. 조금 더 나아가면 배 5, 6척쯤은 능히 담아놓을 수 있다. 그 위에 큰 돌이 마치 집과 같아 만일 햇빛이 물에 반사되어 비출 때면 별들이 반짝거리며 들어선 듯하다. 차가운 공기가 사람의 몸을 위축시킨다. 속설에 부르기를 용이 잠겨 있는 곳이라 한다.

〈○ 牛島 - 周五十里在州東旌義之境人馬喧則便有風雨島之西南有竇可容一小船稍進則可藏船五六艘其上大石如屋如若有日光浮耀星芒燦列寒氣逼人俗號神龍在〉

○ 예전에 국둔마(國屯馬)를 (이곳 우도에) 풀어 놓았다. 헌종(憲宗) 신축(辛丑)년에 그 말들을 모두 (다른 목장으로) 옮겨놓았고, 민간인이 섬에 들어가는 것을 허가했는데, 이제 마

을을 이뤘다.

〈○ 舊放國屯馬 憲廟辛丑盡出其馬許民入居今成村〉

○ 충암(冲庵) 김정(金淨)의 시 「우도가(牛島歌)」(*인용생략)

○ 청음(淸陰)김상헌(金尙憲)의 시 「우도(牛島)」(*인용생략)

【목양(牧養)】

○ 염소동산: 옛날에 우도와 비양도 상에 있었으나 지금은 모두 폐지되었다.

〈羔圃: 古在牛島飛揚島上今廢〉

【변정(邊情)】

○ 순조(純祖) 기사(己巳)년의 유구국 인사들의 우도 앞바다 표류 기록(* 인용생략 → 이원조의 『탐라지초본』 '변정' 조 참고)

○ 헌종 을사년(1845) 5월 홍모국(영국)배가 우도 앞바다에 정박하였다. 저들 30여 명 남짓이 세 척의 작은 배에 타고 우도에 들어왔다. 제각기 환도(環刀)를 차고, 조총(鳥銃)을 지니고 있었는데, 그 총의 끝부분에는 삼지창[三刃鎗]이 꽂혀 있었다. 또 두 척의 작은 배가 아래로 와서 자[繩]로 섬을 재고서는 매 백 보 정도의 길이마다 반느시 돌을 모아 회(灰)를 바르고, 삼 척(隻) 정도의 철정(鐵釘)을 그 위에다 끼워놓았다. 큰 배

는 뱃전 좌우로 수십 개의 구멍이 뚫어놓아, 대포의 포신을 설치해놓고 있었다. 때때로 포를 쏘았는데, 그 울림이 산악을 뒤흔들었다. 그 배가 만들어진 것을 보면 이물과 고물 쪽이 모두 평평하고 낮았으며, 세 개의 돛대가 꽂혀 있었다. 매 돛대마다 세 층의 횡목이 있고, 가운데 대가 가장 높았다. 사람들의 형상은 코가 뾰족하고, 눈은 움푹 패어 눈동자가 파랬으며, 머리털은 붉고 곱슬곱슬한데 마치 양털과도 같았다. 그래서 스스로 일컫기를 '홍모국(紅毛國)'이라 했다. 머리에 두른 것은 그 모습이 흡사 구리로 된 화로(火爐)의 도구와 같았고, 의관은 겉은 검고 속은 희었으며, 착 달라붙는 형태에다 짧았다. 그중 한 사람은 온몸이 새까만 검둥이였으며, 그중 또 한 사람은 용모와 의상이 영락없는 청(淸)나라 사람이었다. 그가 그래도 글자를 약간 알아서 문정(問情) 등의 모든 절차는 이 사람을 통해서 행해졌다. 그의 본관을 물었더니 대답하기를 '자신은 광주부 향산현 오아순(吳亞順)'이라고 했다. 또한 작은 배 수 척이 해안가를 돌면서 매번 험한 곳에 다다르면 반드시 돌을 모아 하얗게 회칠을 하고서는 제를 지내길 삼읍(三邑)에 두루 걸쳐 그랬다. 이에 그 사정을 물었더니 답하기를 산천의 지도를 그린다고 하였고, 수개월 후에 이들은 동북쪽 대양으로 모두 떠나갔다.

〈憲廟乙巳五月紅毛國船泊於牛島前洋彼三十餘人乘三隻小

艇八牛島各佩環刀持鳥銃銃末有三刃鎗又二隻小船下來以繩量島每百步許必聚石塗灰以三隻許鐵釘揷其上大船左右舷鑿穴數十各設大砲口時時放砲響動山岳其船制則前後平低揷三帆竹每竹有三層橫木中竹最高人形則鼻隆目深睛碧髮紅旋似羊毛故自稱紅毛國頭着則狀如銅爐器衣制則外黑內白極狹且小其中一人全身皆黑其中一人容貌衣裳宛是淸人而頗鮮書字問情等節全靠此人而問其本貫則廣州府香山縣吳亞順云又小船數隻周行沿邊每遇截險處則必聚石塗白而祭之遍三邑乃已問其情則答以圖畫山川云數月後向東北大洋而去〉

【선생록(先生錄)】

○ 유한명: 병자년(1696) 10월에 도임함. 향교의 책고(冊庫)를 첨가해 지었고, 향교를 개축하여 짓는 기간 동안 삼성단 동사 우재실 및 서원 박심당을 새로 지었다. 통감(通鑑) 및 마의방(馬醫方)의 책을 출간했다. 암수 200여 필의 말을 사들여 우도에 방목해서 국마장이 되었다. 기묘년에 교체되어 갔다.

〈柳漢明: 丙子十月到添造鄕校冊庫改建鄕校供需間新建三姓坍東祠宇齋室及書院博審堂開刊通鑑及馬醫方買雌雄二百餘馬匹放于牛島以爲國場己卯遞去〉

(19) 김정희(金正喜)의 『완당전집(阮堂全集)』(1848)

김정희(金正喜) 선생이 제주에서 유배살이를 하던 기간 중에 우도에 영국함대가 들어와 발포하고 우도를 조사한 사건이 발생하여 제주사회가 온통 난리가 난 듯 혼란스러웠다. 당시의 정황을 편지에 담긴 내용으로 어느 정도 가늠할 수 있어 이 부분만을 옮겨 소개한다. 내용은 이렇다.

● 사중(舍仲) 명희(命喜)에게 주다[5]

…(전략) 지난 20일 이후에 영길리(英吉利: 영국)의 배가 정의(旌義)의 한 섬[우도]에 와서 정박하였던 바, 그곳의 거리는 여기서 거의 2백 리나 되고 저들의 배는 별로 다른 일이 없이 다만 한 번 지나가는 배였을 뿐인데, 이 때문에 제주도 전역에 소요가 일어 지금까지 무려 20여 일 동안이나 진정되지 못하여 주성(州城)은 마치 한 차례의 난리를 겪은 듯하네. 그런데 이곳에는 가까스로 백성들을 타일러서 다행히 주성과 같은 지경에는 이르지 않았네. …(후략)

〈○ 與舍仲命喜[五] …(前略) 去念後英吉利船來泊於旌義之中島距此爲近二百里而彼船則別無他事只是一過去船而一島騷擾于今二十日餘不能底定州城如經一亂此中僅能開諭幸不

至如州矣..(後略)〉(金正喜,『阮堂全集』)

(20) 김석익(金錫翼)의 『탐라기년(耽羅紀年)』(1918)

김석익(金錫翼, 1885~1956)의 『탐라기년(耽羅紀年)』은 고려시대와 조선시대의 탐라 관련 기사를 기년체(紀年體)로 서술한 역사서이다. 그 내용의 범위는 고려 태조(太祖) 21년부터 조선 광무(光武) 10년까지로, 총 934년간의 탐라사적(耽羅事蹟)을 망라해 기술하고 있다. 실로 그 기록의 방대함과 치밀함이 경탄을 자아내게 하며 제주 향토사료 가운데 소중한 가치를 지닌 연구서로 평가받고 있기도 하다.

한편 김석익의 탐라 관련 연구서는 이 외에도 『탐라지(耽羅誌)』, 『탐라관풍안(耽羅觀風案)』, 『해상일사(海上逸史)』 등이 있는데 이들 모두가 『심재집(心齋集)(1), (2)』(杏文會, 1990)에 함께 실려 소개되고 있다.

이들 기록 가운데 우도 관련 기사가 수록된 부분만을 발췌하여 소개한 것이 바로 이것인데, 원문의 내용은 바로 여기에서 인용하였다. 그 내용의 일단을 소개하면 대략 다음과 같다.

최초의 기록은 세종(世宗) 5년(1423)조의 일이다. 당시 우도는 왜적의 침입이 잦았고, 또한 고각(鼓角)소리에 풍우가 일어 농사를 망친다는 우도의 민간설화도 담겨 있다. 아울러 처음 고성에 위치해 있던 정의현청이 현재의 자리인 성읍으로 옮기게 된 배경도 소개되고 있다.

중종(中宗) 5년(1510)조의 기록은 목사 장림(張琳)이 본래 김녕방호소를 옮겨 별방성(別防城)을 쌓은 이유가, 우도(牛島)는 왜적이 침입하는 길목에 위치한 적의 요충지로 인식됨에 기인한 사실을 부기해 두고 있다.

선조(宣祖) 14년(1581)조의 기록은 목사 김태정(金泰廷)이 왜적선 2척을 우도 부근 바다에서 포획한 사실을 적시하고 있다. 임진왜란이 일어나기 거의 10년 전에 발생한 사건이다.

숙종(肅宗) 24년(1698)조의 기록은 목사 류한명(柳漢明)이 우도에 처음으로 말 2백 필을 사다가 방목한 사실이 언급되어 있다. 이로부터 우도는 국가에서 운영하는 말 목장으로 인식되기 시작했으며 국둔마(國屯馬)의 진공(進貢)을 위해 목사를 비롯한 지방 관료들이 우도에 관심을 쏟게 된 직접적인 계기가 되기도 했다.

순조(純祖) 9년((1809)조의 기록은 우도에 표류해 와 이른 류큐국(琉球國) 관리들에 대한 인상착의를 비교적 상세하게 소개하고 있다.

헌종(憲宗) 8년(1842)조의 기록은 목사 이원조(李源祚)가 계를 청하여 우도에 처음으로 사람이 들어가 경작할 수 있도록 조처를 내린 기록이다. 말 목장을 처음 개설한 지 거의 50년이 지난 뒤의 일이다. 이로부터 우도에는 공식적으로 사람들이 들어가 거주하는 형태가 생겨난 배경이 된다.

헌종(憲宗) 11년(1845)조의 기록을 보면 이양선(異樣船)이 우도 앞바다에 정박하여 측량을 한다고 난리법석을 떤 일이 발생했다. 우도에 처음으로 사람이 들어가 살도록 허가를 낸 지 불과 3년이 지난 시기이다. 그때 함포사격이 실시되었던 기록도 있는 것으로 보아 당시 우도에 들어왔던 사람들의 경우 그 놀라움이란 엄청난 충격으로 나타났을 것으로 상상된다. 당시 목사였던 권직(權稷)이 놀라서 부랴부랴 기병들과 소총수들, 그리고 성을 지키는 장정들을 급히 모집하여 대비책을 강구하노라고는 했지만 그 충격은 매우 컸던 것으로 보인다.(이의 기록은 당시 대정현에 유배되었던 추사 김정희의 기록에도 일부 보인다.) 급기야 그해 겨울에 환해장성(環海長城)을 고쳐 쌓기에 이른다.

세부적인 내용의 기록을 원문과 함께 소개하면 다음과 같다.(* 원문의 우리말 풀이는 필자의 졸역임)

- 세종 5년(明나라 永樂 21년)(1423)

봄에 정의현 성을 옮겨 새로 쌓았다. 이때에 안무사(按撫使)

정간(鄭幹)이 이전의 장소(현재의 古城)는 우도(牛島)와 가까워 왜적의 침입이 잦고 아침저녁으로 울리는 고각(鼓角)소리 때문에 큰 바람이 일어 농사를 망치게 해 작황이 오르지 않으므로 진사리(晉舍里 - 현재의 위치)로 읍을 옮길 것을 계(啓)를 올려 청하자 삼읍의 민정(民丁)을 징발하여 판관 최치염(崔致廉)을 감독관으로 발령하고 성(城)을 쌓으니 둘레가 3천 13척이요, 높이가 8척이나 되었다.(출전 - 『표추기(表樞記)』)

〈○ 世宗五年(明永樂二十一年)

春移築旌義縣城時按撫使鄭幹以爲舊治(今古城)地近牛島倭賊迭侵晨昏鼓角大風屢作禾稼不登啓請移邑于晉舍里(今治)發三邑民丁令判官崔致廉監督而築之周三千十三尺高八尺〉(表樞記)

- 중종 5년(明나라 正德 5년)(1510)

겨울에 목사 장림(張琳)이 명월목성을 축성했는데, 그곳이 비양도(飛揚島 - 주의 서쪽)와 가깝고, 왜적선이 교대로 머무는 곳이기 때문이다. 아울러 별방(別防 - 주의 동쪽)이 우도(牛島)와 가깝고 적의 요충지이기에 성을 쌓았는데 김녕방호소를 옮겨서 별방(別防)이라 칭함이 이와 같다.(옛 지명은 하도 의탄리임)

〈○ 中宗五年(明正德五年)

冬牧使張琳築明月木城以地近飛揚島(州西)倭船交泊故也又以別防(州東)地近牛島賊路要衝亦築城移金寧防護所別防之稱以此(古名下道衣灘里)〉

● 선조 14년(明나라 萬曆 9년)(1581)

목사 김태정(金泰廷)이 애월진을 포구로 옮겨 성을 쌓았다(옛날에 있던 목성은 본래 삼별초가 쌓은 것임). 아울러 독실(纛室)을 남쪽 과원으로 옮겼다.

왜적 배 2척을 우도의 부근에서 포획했다.

〈○ 宣祖十四年(明萬曆九年)

牧使金泰廷移築涯月鎭於浦口(古有木城本三別抄所築)又移纛室於南果園

獲倭賊二艘於牛島附近〉

● 숙종24년(淸나라 康熙 37년)(1698)

봄에 목사 류한명(柳漢明)이 삼을나묘(三乙那廟)를 모흥혈(毛興穴 - *역주: 현재의 삼성혈)가에 세웠다.

박심당(博審堂)을 귤림서원에 세웠다.

여름에 말 2백여 필을 사서 우도에 방목하였다.

〈○ 肅宗二十四年(清康熙三十七年)

春牧使柳漢明達三乙那廟於毛興穴東邊

建博審堂于橘林院

夏貿馬二百餘匹放于牛島〉

- 순조 9년(淸나라 嘉慶 14년)(1809)

이 해에 류큐국 순견관 옹세황(翁世煌)과 사관 요세강(姚世康) 모유환(毛維煥) 등이 우도에 표류해 이르렀다. 순견관은 상투 위에 금비녀를 꽂았고, 비녀머리는 국화 꽃봉오리와 같았다. 머리에도 자주색 비단관을 얹었으며 허리에는 황단 끈띠를 두르고 붉은 신발을 신고 있었다. 사관은 모두 은비녀를 꽂아 누런 비단으로 된 관을 쓰고서 감색두루마기에 큰 소매와 긴 옷자락을 걸치고 있었다. 이르기를 국왕의 명을 받들어 큰 섬에 들어가 민정을 순찰하고서 일을 마쳐 서쪽으로 돌아나오는데 급작스레 바람을 만나 표류해오게 되었다고 했다. 왕이 있는 도읍은 산지 중에 있고, 나라의 풍속이 도장을 상용치 않으며, 공적인 문서의 자취(*역주: 현재의 개인 서명 따위)는 모두 먹으로 쓴 글씨로 통용한다고 했다.

〈○ 純祖九年(清嘉慶十四年)

是歲琉球國巡見官翁世煌史官姚世康毛維煥等漂到牛島巡見官髻上揷金簪簪頭如菊花頭戴紫綾冠腰拖黃緞大帶足躡紅靴史官皆揷銀簪戴黃綾冠被紺色周衣大袖長裔曰奉國王命巡察民情到大島竣事西還遇風漂來王都在中山地國俗都無印信公行文蹟皆以墨套用之云〉

- 헌종 8년(淸나라 道光 22년)(1842)

목사 이원조(李源祚)가 장계를 올려 요청하기를 호남 연안의 읍창(邑倉)에서 쌀 2천 5백 석을 가져와 삼읍의 기아에 허덕이는 백성들에게 나누어 주었다. 5백 석은 운반 도중 바다에 침몰했다. 이원조가 녹봉으로 받는 쌀[廪米]을 덜고 별도로 곡식 1170석을 마련하여 환모곡(還耗穀)으로 충당했다. 가을에 산죽(山竹)이 열매를 맺어 모양이 소맥(小麥)과 같고 맛이 달고 담박했다. 많은 사람들이 그것을 따다가 주식으로 삼곤 했다.

백성들이 우도와 가파도에 들어가 경작하는 것을 허가하였다. 예전에 우도에서는 말을, 가파도에서는 소를 방목하면서 진공(進貢)에 대비하곤 했는데 이에 이르러 계를 올려 청하기를, 방목하던 것들을 인근의 목장으로 내몰도록 했던 것이다. 지금은 사람들이 들어가 개간하여 세금을 사복시(司僕寺)에

납부토록 한 것이다.

동계(桐溪) 정온(鄭蘊) 선생 적려유허비(謫廬遺墟碑)를 세웠다.

〈○ 憲宗八年(淸道光二十二年)

牧使李源祚啓請移運湖南沿邑倉米二千五百石來分給三邑飢民五百石沈沒海中 李源祚捐廩米別備穀一千一百七十石以防還耗 秋山竹結實形如小麥味甘淡人多摘取以爲食

許民入耕于牛島及加波島先是放馬于牛島放牛于加波島以備進貢至是啓請幷驅出之放于附近牧場今民入墾納稅于司僕寺

建鄭桐溪謫廬遺墟碑〉

● 헌종 11년(淸나라 道光 25년)(1845)

여름에 다른 나라 배 한 척이 우도 앞에 정박하였다. 그 양인(洋人)의 모습이란 깊이 들어간 눈과 높다란 코, 파란 눈동자와 양털 같은 곱슬머리 형태를 띠고 있었다. 그중 한 사람의 용모와 복장이 완전히 달랐는데, 문자를 이해함이 조악하면서 조금은 알아, 보니 중국 사람 오아순(吳亞順)이었다. 혹은 때때로 포를 쏘아 산악을 진동시키고, 작은 배를 투하해서 아래로 내려오더니만 줄로써 섬을 측량하는 것이었다. 매 백 보(百步)마다 돌멩이를 모아 회를 칠해 표시를 하고서는 그 위에 쇠

못을 박았다. 장차 삼읍 연안을 두루 그렇게 할 것이라는데 물어보니 그 까닭인즉 산천을 그려놓아 지도를 만든다고 하는 것이었다. 목사 권직(權稷)이 두려워하며 마병(馬兵)과 총수(銃手), 성정(城丁)을 모집하여 만일의 사태에 대비했다.

겨울에 환해장성(環海長城)을 고쳐 쌓았다.

〈○ 憲宗十一年(淸道光二十五年)

夏異船一艘來泊牛島前洋人形深目高鼻碧瞳髮如羊毛其中一人容服頓異粗鮮文字乃是華人吳亞順也或時時放砲響震山岳投小艇下來以繩量島每百步許聚石塗灰以鐵釘押其上將遍三邑沿岸問其所以則曰圖畵山川云牧使權稷懼募馬兵銃手城丁而備之冬修築環海長城〉

(21) 이은상(李殷相)의 『탐라기행(耽羅紀行) - 한라산(漢拏山)』(1937)

노산(鷺山) 이은상(李殷相, 1903~1982) 선생 하면 얼른 우리 가곡 '가고파' 가 떠오른다. 시조시인으로서 주옥같이 아름다운 시들과 수필들, 그리고 다양한 문학작품을 남긴 이은상 선생이 한창 혈기왕성한 시기인 34세 되던 해에 제주를 찾았다. 비로 조선일보사가 주최한 산악순례사업의 하나로 추진된 한라산 등정대

53인 중 일원으로 참가했기 때문이다. 그때 제주도 일원을 자동차를 타고서 돌아보고, 그 후 한라산 등정까지 마친 후 그 소감을 『탐라기행(耽羅紀行)』이란 책으로 펴낸 것이다. 일제강점기인 1930년대의 제주도 실정이 생생하게 소개되고 있으며, 특히 각 지역마다 얽힌 역사적 사실, 혹은 신화나 전설 등을 특유의 문학적인 필치로 그려내고 있다.

예컨대 서쪽 한림항에 도착했다가 거기에서 우연히 오키나와(琉球國) 출신의 선원들과 조우하게 되자 예전 인조(仁祖) 임금 시절 제주에 표류해 왔다가 억울하게 죽임을 당한 류큐국(琉球國) 왕세자를 떠올리며 당시의 이야기를 절절하게 들려주고 있기도 하다.

이제 소개하려는 우도 관련 기록은, 비록 저자가 우도를 직접 답사하지는 않았지만 성산포에서 종달리를 거쳐 지나면서 그 감회를 피력한 기록이다.(*역자주: 저자가 소제목으로 내세운 '방형자(防荊子)' 라는 약초는 종달리 혹은 하도리 해안가에 자생하는 것으로서, 이것이 16세기 백호(白糊) 임제(林悌)가 우도 방문차 김녕 해안가를 지나다 그곳의 장수하는 노인들로부터 들었던 불로초(不老草)와 동일한 약초인지는 확실치 않다. 아울러 소제목의 부제로 '뜨거운 동포애의 재확인' 이란 표현은 인용된 이 글의 생략 부분에서는 제주에 큰 가뭄이 들었을 때 조정에서 구휼미를 내려보내어 제주민을 구제한 역사적 사실이 있기에 이를 상기하여 그렇게 단 것으로 보인다.)

특히 우도 가까이에 있는 마을인 오조리에서 사람이나 가축이 떠드는 소리 때문에 우도에 잠들고 있는 용이 일어나 심술을 부린다는 설화를 풀어놓는가 하면 아울러 우도 서남쪽 편에 돌구멍이 뚫린 동굴과 얽힌 이야기도 재미있게 전개시키고 있다. 특히 별방진 성터를 지나면서는 본래 이 성의 축조가 우도에 침입하는 왜적을 방어할 목적으로 생겨났다는 역사적 고찰도 병행하여 서술하고 있기도 하다.

본래 국한문혼용체로 된 글이라서 역시 현대어로 풀이를 해야만 정확한 의미전달이 가능하다. 먼저 원문의 소개는 당시의 표기법 그대로 살려 소개했으며, 현대어 풀이에서는 더러 쉬운 현대말로 바꿔 소개한 것도 있다.

【원문(原文)】

○ 防荊子藥草原 - 뜨거운 同胞愛의 再確認

城山浦에서 東으로 바라보이는 큰섬은 牛島이니, 이섬은 本是 牛馬나 치던곳이오 人家는 없었다가 憲宗辛丑(西紀一八四一)으로부터 許入한것이(耽羅誌) 지금와서는 五百戶 二千五百人의 큰部落이 되었다.

『人馬喧則有風雨』라는 輿覽의 記는 毋論 傳說을 採錄한 點에서 고마운바 없지않으나 萬一 그말대로 된다고하면 二千五

百人 떠드는소리에 風雨가일어도 大風暴雨가 밤낮없이 쏟아저야 할것이니 牛島 住民들을 爲하야는 古記가 거즛말 된 것이 萬番이나 多幸하지 아니하냐.

그래도 뉘가 알리. 저 靈異記中의 龍모양으로 한번 잠들었다 百年만에 깨는놈, 千年만에 깨는놈이 저기에 업디어서 요새마침 잠든동안이라 消息이 없다가 깨어나 떠드는 소리를 듣고 風伯雨師에게 急急如律令을 놓을는지 모를것이니 『저牛島 냥반네들 부디 말조심하소』하고 귀속말로 勸하여볼까.

아닌게 아니라 저牛島西南에는 한石竇가있어 그속이 몹시 寒凉하야 毛髮이 疎竦한데 邑誌에 이르되 『俗傳神龍在處』라 하였으니 아마 分明 잠드신龍이 있을가보다.

그러나 牛島에있는 龍은永遠히 깨지 않을 龍일것이니 저섬에 風雨있을理 없으려니와, 성낸말 주고 받고, 거즛말 헛傳하야 적고큰 人情風雨가 사람들사이에 나날이 일어남을 생각하면 『人喧則 有風雨』란 말은 人間社會에 나린 快適한 戒嚴令이 아닐수 없다.

성낸말 마시오들
거즛말 마시오들
짓그려 주고받고
人情風雨 이옵나니

꽃핀듯 웃고살아도

一生아니 쩌른게오.

이러한 附會의 偶感에 호올로 어리석은 노래를 부르면서, 왼쪽으로 斗山을 넘겨보내고, 바른편으로 池尾峰을 눈짓하는동안 문득보니 海岸에 雜草나듯 얼클어진 防荊子는 이곳 特有의 藥草라는데 나는 이 藥草原을 景볼으로보건마는 主人은 必是 돈으로 볼것을 생각하매 생각이 또한번 우스워짐을 참을수가없다.(中略)

이 別防은 鎭을두었던곳으로 牛島가 가까이있어 賊路의 要衝地라하야 中宗庚午(西紀一五一〇)에 牧使 張琳이 防護所를 옮겨다 둔곳으로 아직城壁이 그대로 있다고하나 쿠트나 볼것이 없으므로 그냥지난다.(後略)

* 李殷相, 『耽羅紀行 - 漢拏山』, 朝鮮日報社, 昭和十二年(1937), 123~127쪽.

【현대어 풀이】 (*필자 졸역)

○ 방형자약초원(防荊子藥草原) - 뜨거운 동포애(同胞愛)의 재확인(再確認)

성산포에서 동쪽으로 바라보이는 큰 섬이 우도이니, 이 섬은 본래 소나 말이나 키우던 곳이요 사람은 살지 않았다. 헌종(憲宗) 신축년(辛丑年)(서기 1841년)으로부터 사람이 들어가 살도록 허가된 것(『탐라지(耽羅誌)의 기록』)이 지금에 와서는 가구수가 5백 호에 주민 2천 5백여 인이 살고 있는 큰 마을이 되었다.

"사람과 가축이 떠들면 곧 비바람이 몰아친다(人馬喧則有風雨)." 라는 『동국여지승람(東國輿地勝覽)』의 기록은 물론 전해져 오는 이야기를 채록한 점에서 고마운 바 없지 않으나, 만일 그 말대로라면 우도에 사는 2천 5백여 인의 떠드는 소리에 비바람이 쳐도 크게 밤낮으로 쏟아져야 할 것인데 옛날의 기록이 거짓말이 된 것이 만 번이나 다행한 일이 아니던가.

그래도 혹시 뉘가 알랴. 저 『영이기(靈異記)』(*역주 - 『영이록(靈異錄)』이라 알려진 이 작품은 국문본으로서 작자나 창작연대가 미상인 국문 소설의 하나이다. 총 12장으로 이루어진 이 소설은그 배경이 중국 송(宋)나라로서 주인공 손기에 대한 일대기 형식으로 전개된다. 불교, 도교적 사상이 이 소설의 전반적인 기조를 이룬다.) 중의 용(龍)마냥 한번 잠들었다가 백년 만에 깨는 놈, 천년 만에 깨는 놈이 저기에 엎드려 있다가 요새 마침 잠든 동안이라 아무 소식이 없다가 깨어나 떠드는 소리를 듣고 바람신[風伯]과 비신[雨師]에게 긴급하게 율령(律令)을 발동할지도 모르는 일이지 않은

가. “저 우도에 사는 양반님네들 부디 말조심 하여야겠소!” 라고 귓속말로나마 권하여 볼까.

아닌 게 아니라 저 우도 서남쪽에 돌구멍[石竇] 형태의 한 동굴이 있어 그 속에 들어가면 몹시 서늘하고 차가워서 머리카락이 쭈뼛이 설 정도라 하는데 읍지에 이르기를 “전하는 말에 신룡(神龍)이 머무는 곳(俗傳神龍在處)” 이라 하였으니 아마도 분명 잠드신 용이 있을 법도 하다.

그러나 우도에 있는 용은 영원히 잠에서 깨어나지 않을 용일 것이니 저 섬에 비바람이 몰아칠 리도 없겠거니와, 한편 생각하면 성낸 말을 주고받고 혹은 거짓말로 잘못 전하여 작고 큰 인정(人情)상의 비바람이나마 사람들 사이에서 날마다 일어남을 생각하면 ‘사람이 떠들면 비바람 친다(人喧則有風雨)’ 란 말이 인간사회에 내린 쾌적한 계엄령(戒嚴令)이 아닐 수 없다.

성낸 말 마시오들
거짓말 마시오들
지껄이며 주고받다가
인정풍우(人情風雨) 일어난다오
꽃 핀 듯 웃고 살아도
일생 아니 찌들 게요

이런 부질없는 괜한 생각에 홀로 어리석은 노래를 부르면서, 왼쪽으로 두산봉(斗山峰)을 뒤로 하고, 바른쪽편으로 지미봉(池尾峰)을 곁눈질하며 지나는 동안 문득 해안에 잡초 난 것 같은 풀이 다가온다. 이름하여 방형자(防荊子)인데 이곳에만 나는 특유한 약초(藥草)라고 한다. 나는 이 약초의 풀밭을 단지 구경 삼아 볼 것이건만 이곳 주인은 필시 돈으로 볼 것을 생각하매 생각이 또 한번 우스워짐을 참을 수가 없다.(중략)

이 별방성(別防城)은 진(鎭)을 두었던 곳으로서 우도가 가깝게 있어서 적이 내습하는 통로의 요충지(要衝地)라 하여 중종(中宗) 경오년(庚午年)(서기 1510년)에 목사 장림(張琳)이 방호소(防護所)를 김녕에서 옮겨다 둔 곳으로서 아직 성벽이 그대로 남아 있다고 하나 구태여 볼 것이 없으므로 그냥 지나간다.(후략)

(22) 담수계(淡水契) 편(編)의 『증보탐라지(增補耽羅誌)』(1954)

담수계편(淡水契編)의 『증보탐라지(增補耽羅誌)』는 비교적 최근에 편찬된 것으로서 이제까지 나온 읍지류 등의 내용을 총망라해 낸 책으로 인식될 정도로 분량면에서건 내용면에서건 풍부하다. 이제까지 나온 대부분의 관찬 읍지류의 책들은 주로 국가기

관인 조정에서나 혹은 주 단위의 기관에서 펴낸 경우가 대부분이었다. 그러나 이 책은 뜻있는 민간인들(처음 12명이었던 담수계 회원이 나중에는 10명으로 줄어듦)이 함께 모여 공동작업의 일환으로 편찬해 낸 것이다.

본래 프린트물이었던 것이 최근에는 제주문화원(제주시)에서 활자화하여 다시 이 책의 '역주본'을 발간해 내기도 했다. 국한문혼용체로 된 본문의 내용은 문어투의 투박한 표현들이 많이 섞여 있기도 하다.

여기에서 다룬 우도 관련 내용은 이 책 '도서(島嶼)' 조에 실려 짤막하게 소개되고 있다. 특히 '주간명월(晝間明月)' 부분과 '서산용출(瑞山湧出)' 관련 부분은 그 논지의 전개가 관심 있는 자들의 눈길을 끌게 한다. 아울러 이 당시 우도가 행정구역상 북제주군 구좌면 연평리였음을 소개함도 퍽 인상적이다.

먼저 원문을 소개하고 난 후 그것의 현대어 풀이를 병행했다.

【원문(原文)】

◎ '島嶼' 條

○ 牛島: 舊左面 終達里 東方 海上에 在하니 卽 演坪里라. 長이 約 4粁요, 廣은 3粁余니 面積이 約 683㎢라. 그 形이 臥牛

形 또는 牛頭形과 如함으로 名이라. 東方 120余米에 在한 層巖絶壁下 石窟天井에 圓形의 天然彫刻은 午前 11時頃에 日光이 水面에 照하면 天井에 反射되어 그 周邊의 鐵分과 硫黃分이 光彩를 띠어 十五夜明月이 오르는 것과 恰似함으로 이를 晝間明月이라 稱한다. 戶數570余요, 人口는 2,900余라. 東南에 燈臺가 有하고 本島와의 交通은 牛島城山間과 牛島終達間의 二個船路가 有하여 每日 往復한다.

官公署는 面出場所, 警察官支署, 國民學校 高等公民學校 外 漁業組合出張所 等이 有하다.

傳說에 3340年 丁未 高麗 穆宗 10年에 瑞山이 南海中에 湧出하니 山이 始出時에 雲霧가 晦寞하고 地動이 如雷하여 7周夜만에 開霽하니 山의 高가 100余丈이요, 周圍가 40余里라. 草木이 無하고 烟氣가 其上을 막하여 望之에 石硫黃과 如함으로 人이 恐懼하여 不敢近이라. 王이 太學博士 田拱之를 遣하여 其形을 圖하고 去하다.

* 淡水契 編, 『增補耽羅誌』(프린트물, 1954)

【현대어 풀이】 (*필자 졸역)

◎ '도서(島嶼)' 조

○ 우도(牛島): 구좌면 종달리 동쪽 해상에 있으니, 즉 연평리(演坪里)이다. 길이가 약 4천미터요, 너비는 3천여 미터니 면적이 약 683㎢라. 그 모습이 소가 누워 있는 형[臥牛形] 또는 소머리 형[牛頭形]과 같으므로 우도(牛島)라 이름 지어졌다. 동쪽 방향 120여 미터 지점의 층암절벽 아래에는 석굴이 있는데 그 천장에 있는 원형의 자연 조각품은 오전 11시경에 햇빛이 물 위를 비추면서 천장에 반사되어 그 주변의 철분과 유황분이 광채를 띠어 마치 보름날 밤 밝은 달이 오르는 것과 흡사하므로 이를 주간명월(晝間明月)이라 칭한다. 호수(戶數)가 570호 남짓 되고, 인구는 2,900여 명이다. 동남쪽에 등대가 있고, 본도와의 교통은 우도 - 성산 간과 우도 - 종달 간의 2개 항로가 있어 매일 왕복한다.

관공서는 면출장소, 경찰관지서, 국민학교 고등공민학교 외 어업조합출장소 등이 있다.

전설에 의하면, 단기 3340년(丁未) 고려 목종 10년(서기 1007년)에 서산(瑞山)이 남해 중에 용출하니 산이 처음 생겨날 때 운무가 자욱하고 땅의 흔들림이 우레와 같았다가 7주야 만에 맑았다. 산의 높이가 100여 장(丈)이요, 주위가 40여 리(里)라. 초목이 없고 연기가 그 위를 덮어 바라봄에 석류황과 같으므로 사람들이 놀래어서 가까이 접근하지 못했다. 왕이 태학박사 전공지(田拱之)를 파견했는데, 그 모습을 그리고 떠났다.

제3편

층암과 동굴 관련 답사기

1. 충암 김정 선생의 묘소와 사당 참배

지난 2009년 11월, 충청북도 단양에서 열린 국제동굴학술대회에 참여하기 위해 모처럼의 뭍 나들이 계획을 세웠다. 한국동굴학회 측에서 동굴음악에 대한 특별한 관심표명과 함께 동굴음악을 주제로 내게 발표 요청을 해왔기 때문이다. 그런데 이번의 국제학술대회가 3박 4일간의 일정으로 치러지는 행사이긴 했어도 정작 주제발표일 하루를 제외하면 나머지 일정은 동굴 견학, 남한강 유람 등의 부대행사로 짜여 있어서 얼마든지 그 스케줄의 조정은 가능할 것이라는 생각이 들었다.

이번 주제발표를 통해 그동안의 동굴음악회 성과를 국내외 동굴관련 학자들에게 소개할 수 있다는 의미도 크게 작용하긴 했지만 내심 이번 참에 다른 곳을 더 둘러보고 올 심사였다. 평소 기회가 닿으면 찾아가보려고 벼르던 곳이 있었는

국제동굴학술대회 참가자들

데 바로 대전(大田)의 충암(冲庵) 김정(金淨) 선생의 묘소와 사당을 참배하는 일이었다. 충암 김정 선생은 유배차 제주에 머무는 동안 「제주풍토록」, 「우도가(牛島歌)」 등의 저술을 남겼는데 평소 필자가 이를 연구의 대상으로 삼아 관심을 기울여오던 터였기 때문이다. 결국 단양에서의 국제동굴학술대회 행사가 열리기 하루 전날 먼저 대전을 방문할 수 있었다.

청주공항에서 리무진버스를 이용해 약 한 시간 정도 걸려 대전시 동부 터미널에 도착했다. 우선 그곳에 사는 김응일(金應一) 씨를 만나볼 심사였다. 그는 김정 선생의 17대 후손으로서 현재 대전시 유성구 지족동에서 약국을 운영하면서 혼자 노모를 모시며 이 묘소와 사당을 관리하고 있다. 그곳으로 찾아가기 위해서는 지하철을 이용해 다시 50분 정도 이동해야 했다. 대전역 앞 광장에는 때마침 세종시 문제로 피켓과 어깨띠를 두른 시위대로 보이는 군중들이 모여들고 있었고, 이에 맞서 경찰의 출동병력도 대기상태에 처한 형편이었다. 지금 내가 찾아가려 하는 곳이 세종시 건립 예정지와 가까운 거리에 위치한 곳이라서 내심 약간의 불안감마저 일긴 했다. '설마 내게 불심검문을 하려고 들지는 않을 테지.'

미리 연락처를 알아두었기에 쉽게 그곳으로 찾아갈 수 있었다. 김응일 씨는 잠시 다른 사람을 불러 약국의 일을 보게 한 뒤 순전히 나를 위해 바쁜 일정을 뒤로 미뤄둔 채 시간을 내주었다. 고맙고도 친절한 안내 덕택에 김정 선생의 사당과 묘소를 두루 찬찬히 둘러볼 수 있었다. 충암 김정 선생의 묘소 일원(墓所一圓)(※대전광역시 동구 신하동 268-5번지)은 현재 대전광역시 문화재 제25호로 지정 보호되고 있긴 하지만 일반인들에게 공개되지는 않는 형편이었다. 그곳 안내표지판에는 이런 내용이 적혀 있었다.

김정 묘소와 사당을 친절하게 안내해준 김응일 씨

"(이곳은) 조선 중종 때 형조판서(刑曹判書) 겸 예문관제학을 지낸 충암 김정(冲庵 金淨: 1486~1521) 선생과 관계된 유적이 자리한 곳이다. 선생은 조광조와 더불어 향약(鄕約)을 전국에 널리 알리는 큰 업적을 남겼고, 기묘사화(1519) 때 조광조 등과 함께 감옥에 갇혔다가 금산에 유배된 후 제주도에서 사약을 받았다. 1978년 대청댐 수몰로 물에 잠긴 대덕군 동면 내탑리에서 이곳으로 묘를 옮기면서 신도비(神道碑), 충암 선생의 위패(位牌)를 봉안한 별묘(別廟), 산해당(山海堂) 그리고 그의 부인의 정려각(旌閭閣) 등도 함께 옮겼다."

충암 선생의 부인 은진 송씨의 정려각

총 4천여 평의 부지에 조성된 이곳은 풍수지리상 한눈에 봐도 길지(吉地)임을 직감할 수 있었다. 그래서 그런지 사람들은 이곳을 두고 예전부터 오묘한 골짜기란 뜻의 '묘곡(妙谷)' 이라 부르곤 했다고도 한다. 총 9대조의 묘가 차례로 이곳에 자리해 있었고, 무덤 동쪽에는 충암 선생의 부인 은진(恩津) 송씨(宋氏)의 정려각이 세워져 있다.

'아, 평소 마음으로 존경해마지 않던 충암(冲庵) 김정(金淨) 선생!'

감탄사가 절로 나왔다. 특별히 선생은 제주에서 귀양살이를 하는 동안 「제주풍토록(濟州風土錄)」과 「도근천수정사중수권문(都近川水精寺重修勸文)」 등을 저술했다. 문장으로서 전하는 제주에 관한 단일 저술로는 남상(濫觴)인 편이다. 어디 그뿐이랴. 그의 칠언고시 「우도가(牛島歌)」는 필자가 처음 우도동굴에서 동굴음악회를 열게 된 배경으로 자리하기도 한다.

제주인의 한 사람으로서, 특별히 선생의 작품인 「우도가」의 영향을 받아 동굴음악회라는 새로운 장르를 국내에서는 처음 개척해 선보일 수 있도록 수혜를 입은 한 사람으로서 어찌 그 감사의 예를 올리지 않을 수 있을 것인가!

선생께서 제주에서 유배의 삶을 보낸 기간은 정확히 1년 2개월이다. 결국 충암 선생은 안타깝게도 36세의 젊은 나이에 유배지인 제주에서 사약을 받고 의연히 세상을 하직해야만 했는데, 그때 남긴 시가 바로 그 유명한 '임절사(臨絶辭)' 이다. 결국 유배인으로서 비운의 삶을 제주에서 보내면서도 선생께서 남긴 제주 관련 작품들은 16세기 제주의 실상과 토착민의 삶을 생생하게 그려내고 있는 소중한 기록들이기에 더없이 값진 유산이지 않을 수 없다.

○ 임절사(臨絶辭) - 충암(冲庵) 김정(金淨)

投絶國兮作孤魂　遺慈母兮隔千倫
遭斯世兮殞余身　乘雲氣兮歷帝闇
從屈原兮高逍遙　長夜冥兮何時朝
炯丹衷兮埋草萊　堂堂壯志兮中道摧
嗚呼千秋萬歲兮應我哀

절해고도(絶海孤島)에서 몸을 던져 외로운 넋이 되매
어진 어미 남겨둔 채 천륜(天倫)을 어기누나.
이런 세상 만나 이 한 목숨 다할진대

구름 기운 얻어 타서 천제(天帝) 문전 밟아볼거나.
굴원(屈原)을 따라 높은 곳을 거닐어보기도 하련다만
긴 밤이 너무 어둡구나! 새벽이 오긴 오는가?
빛나는 붉은 충절 잡초 속에 묻어두고
당당한 장부의 지조 중도에 꺾이누나.
아! 천년만년 후에 오늘 내 슬픔에 응함 있으리.

'아! 선생의 슬픔에 응함에 어찌 천년만년이란 세월의 흐름을 기다릴 필요가 있으리오!'

충암 선생의 묘 앞에서 예를 표하는 필자

이런 상념이 불현듯 다가왔다.

김응일 씨의 친절한 안내를 받아가며, 일 년에 단 한 차례 제사 때만 문을 여는 위패가 모셔진 사당과, 충암 선생의 묘 제단 앞에 넙죽 엎드려 절을 올리며 예를 표할 수 있었다.

충암의 신도비

충암 선생의 신도비는 오래된 것과 최근의 것 2기가 우람하게 세워져 있었다. 하나는 순한문체로서 월사 이정구(月沙 李廷龜)가 비문을 짓고, 복천 강학년(復泉 姜鶴年)이 글씨를 써서 선조 14(1581)년에 세운 것이었다. 그리고 다른 하나는 순한문체의 비문을 국한문으로 번역하여 세운 것으로서 충암 선생 탄신 500주년이 되던 해(1987)에 청주대 김홍철(金洪哲) 교수가 국역하였다고 표기되어 있다.

세월이 많이 흐른 탓일까? 옛날 같으면 특별히 사람을 별도로 두어 이곳을 관리하게 했을 법하지만, 지금은 자신과 모친 두 사람만이 이곳에 거처하며 보살피고 있음을 토로함이 이날 안내를 맡은 김응일 씨의 이야기였다. 한편 감사한 마음이 들기도 하면서 야속한 세태의 변화에 대처해야 함이 일견 비장감마저 느끼게 했다.

2. '핑갈의 동굴' 을 찾아가는 여행

2007년은 동굴음악회 개최 10주년을 맞는 해였다. 그래서 동굴소리연구회 몇몇 회원들과 함께 유럽문화탐방의 계획을 세워서 지난 2007년 6월에 10박 11일간(2007. 6. 19. ~ 6. 20.)의 일정으로 유럽(스코틀랜드 · 북아일랜드 · 아일랜드 · 웨일즈 · 잉글랜드)을 다녀왔다.

우리의 첫 방문지는 스코틀랜드 북서부에 위치한 조그마한 섬 스태파(Staffa)섬이다. 그곳에서 세계적으로 유명한 바다동굴인 핑갈의 동굴(Fingal's Cave)을 직접 답사하는 게 우리의 1차 목표였다. 그 동굴이 위치한 곳을 찾아가는 여정은 참으로 멀고도 어려운 길이었다. 왜냐하면 그곳은 웬만한 지도에는 표기되어 있지도 않은 작은 섬일뿐더러 정작 영국 현지에 살고 있는 사람들조차 이 동굴을 찾아가 본 경우가 극히 드물었기 때문이다.

'핑갈의 동굴' 을 찾아가기 위해서 반드시 거쳐가야 하는 도시가 있다. 스코틀랜드의 북서부 해안의 조그만 항구도시 오반(Oban)이 바로 그곳이다. 영국 맨체스터 시에 첫발을 내린 우리 일행이 장거리 고속버스를 이용해 약 4시간 남짓 걸려 글래스고우 시에 도착한 뒤 곧바로 도시연결버스를 이용해 2시간 정도 걸려서 오반에 도착했다. 다음날 아침 7시 30분에 천 명을 수용하는 큰 배인 카페리를 타고서 40분이 소요되어 멀(Mull) 섬의 한

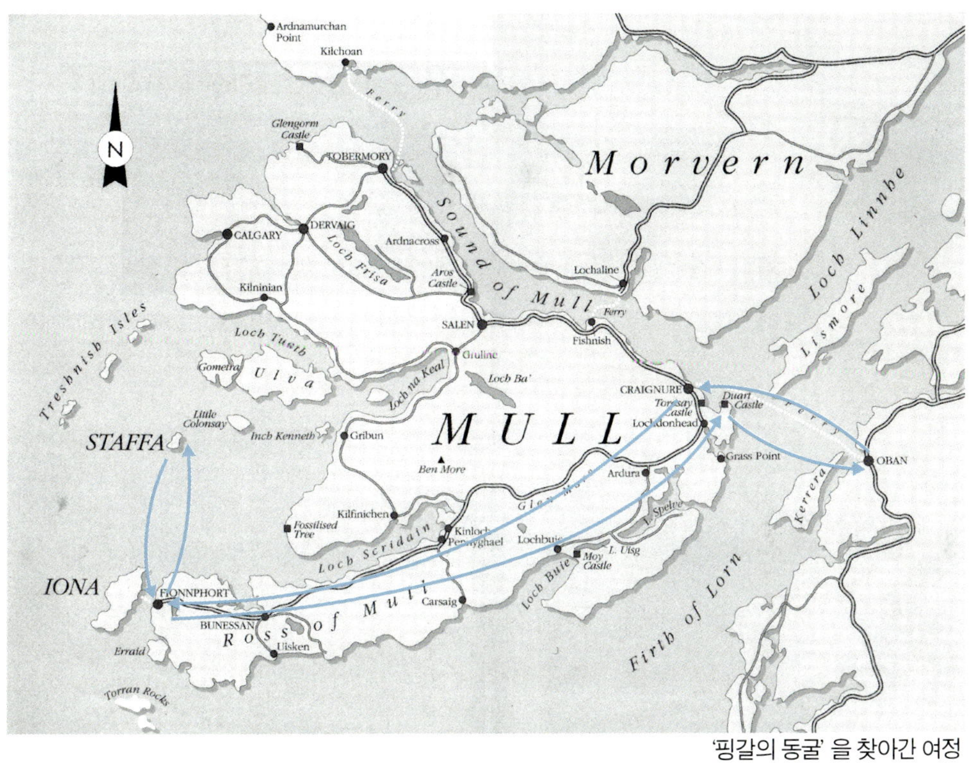

'핑갈의 동굴' 을 찾아간 여정

포구인 크레뉴어(Craignure)에 닿았고, 다시 섬을 운행하는 버스에 올라 서남쪽을 향해 약 1시간을 달려 피욘포트(Fionnphort)라는 어촌마을에 도착했다. 그곳에서 소형 동력선으로 갈아탄 뒤 약 30분을 달려 우리의 목표인 스태파 섬에 도착했다.

"아, 이곳이 말로만 듣던 그 유명한 '핑갈의 동굴' 이 있는 바로 그 섬이로구나!"

깎아지른 절벽은 마치 조각이라도 하여 붙여놓은 듯 육각형 모양의 돌기둥들이 연이어져 있고, 군데군데 모난 돌 의자들이 객석처럼 즐비하게 늘어져 있다. 흡사 제주의 지삿개(서귀포시 대포동)의 주상절리 형상을 옮겨놓은 듯했다. 섬 뒤편 선착장에 내린 뒤 좌측 모퉁이를 돌아들어 가니 바로 동굴입구가 나타났다. 단순히 황홀하다는 정도로는 도무지 그 형상을 표현할 수 없을 정도의 빼어난 절경이다. 한마디로 자연이 만든 걸작품 그 자체였다. 마치 거대한 입을 벌린 채 그 위용을 유감없이 뽐내고 있는 것 같은 이 동굴은 갑작스런 이방인의 침입(?)에도 아랑곳없이 오히려 '나 그대들을 환영하노라!' 하고 받아들일 태세였다. 아찔했다.

'핑갈의 동굴' 의 웅장한 자태와 그 위용

자연스레 우도의 동굴과 이모저모를 비교해보게 되었다. 동굴 내부는 예상했던 것보다 그리 넓진 않았다. 다만 천장이 약간 높고 모난 돌들로 둥근 아치형을 이루고 있으며 바닥은 항시 물이 고여 있는 형태였다. 굴 안쪽에서 바깥쪽을 향해 소리를 내어 울림 상태를 확인해 보았다. 이곳의 자연음향 역시 훌륭한 잔향(殘響) 품질을 지니고 있음을 느낄 수 있었다. 동굴 내부의 수면 위로 반사되어 반짝이는 햇살을 보면서 '오 나의 태양(O sole mio)' 이라는 노래를 부르기 시작했다. 마침 우리와 함께 일행으로 왔던 독일인 관광객이 그 모습을 열심히 비디오카메라에 담으면서 연신 '브라보' 를 외쳐댄다. 그러면서 이런 말을 건네는 게 아닌가. "You made my Day!"

나 역시 답례로 마침 지니고 있던 나의 동굴 CD「제주의 소리 · 동굴의 울림」 한 장을 그에게 선사했더니 한껏 기뻐하는 표정을 지어 보이며 더욱 관심을 나타내어 보인다.

동굴 안의 탐사를 끝낸 우리 일행은 그곳 암벽을 따라 인공적으로 설치된 계단을 올라 섬 상단부인 잔디밭에서 도시락을 먹으며 잠시 동심의 세계에 젖어들기도 했다.

"섬 소풍을 나오긴 했는데 우리가 얼마나 먼 길을 달려 이곳까지 왔던고!"

밀려드는 벅찬 감회와 함께 이런 기회를 주신 신에게, 그리고 함께 한 동료들에게 새삼 감사하는 마음이 절로 생겨났다. 마침 제주에서 가져온 한라산 소주 한 병을 꺼내

핑갈의 동굴 내부에서 소리실험을 벌이는 필자

스태파 섬 위에서 한라산 소주로 고수레를 하고 난 후의 음복 한 잔!

들고서는 한국식 고수레의 정성치레를 올리기도 했다.

그러나 행복감에 젖어든 시간도 잠시 동안뿐, 금세 돌아갈 시간이 다 되어 아쉬움을 뒤로하고서 서둘러 스태파 섬을 빠져 나와야 했다. 그때 마음속으로 혼자 이렇게 중얼거렸다. "스태파 섬이여, 그대가 있어 오늘 나는 한없이 즐거웠다오!(Staffa, You made my Day!)"

이번 '핑갈의 동굴' 답사여행을 하면서 얻은 큰 수확이라면 무엇보다 '우도의 바다동굴도 세계적 수준이다!' 라는 사실을 재확인할 수 있었다는 사실이었다. 그래서 훗날 언젠가 이곳 영국사람들이 세계적으로 유명한 제주의 우도동굴을 찾으려 한다면 결국 우리와 똑같은 코스를 역으로 밟아야 할 것이라는 생각에 절로 신이 나서 콧노래가 흘러나오기도 했다.

부록

1. 김정(金淨)의 「제주풍토록(濟州風土錄)」

2. 김정(金淨)의 「도근천수정사중수권문(都近川水精寺重修勸文)」

〈부록〉 1. 김정(金淨)의 「제주풍토록(濟州風土錄)」

此邑風土別是一區事事殊異動可吁駭一無可觀氣候冬或溫夏或涼變錯無恒風氣似暄而着人甚尖利人衣食難節故易於生疾加以雲霧恒陰翳少開霽盲風怪雨發作無時蒸濕沸鬱又地多蟲類蠅蚊尤甚與凡蜈蚣蟻蚓等諸雜蠢蝡之物皆經冬不死甚爲難堪想北邊寒冽必少此害也

이 지방의 풍토는 유별난 한 구역의 특징을 띠고 있다. 일마다 서로 다르고 차이가 나서 깜짝깜짝 놀라게 되며, 일정함이 없다는 게 가관이다. 기후만 해도 그렇다. 겨울에는 혹 따뜻하기도 하고, 여름에는 혹 서늘하기까지 하다. 그 변화되고 착각을 불러일으킴이 일정하지가 않다. 바람기운이 따뜻해 보이는데도 옷을 걸친 사람들의 모습은 매우 날카롭고 예리하게 반응하는 것 같다. 사람들이 의복과 음식을 제대로 조절하기가 어렵기에 질병이 쉽게 발생한다. 더욱이 구름과 안개가 항상 끼어 있어 날씨가 우중충하고 맑게 갠 날이 적다. 맹렬한 바람과 소나기 같은 비가 시도 때도 없이 내리는가 하면 무덥고 답답하기까지 하다. 또한 땅에는 벌레류가 많은데 파리와 모기가 너무 심하다. 대개 지네, 개미, 지렁이들과 같은 여러 우글거리는 것들 모두가 겨울이 지나도록 죽지 아니하므로 이게 견디기에 가장 어렵게 한다. 예상컨대 북쪽 지역엔 추위가 혹독하여 이런 피해가 반드시 적을 것으로 본다.

人居皆茅茨不編鋪積屋上而以長木橫結壓之瓦屋絶少如兩縣官舍亦茅蓋也村屋之制深廣幽深各梗채不相連屬號品官人外無溫堗堀地爲坎塡之以石其上以土泥之如堗狀旣乾寢處其上吾意地多風濕喘堗惡疾之類多緣此也

사람이 거처하는 집들은 모두 새(띠)로 덮은 초가로서, 그 지붕은 새를 엮어 꼰 새끼줄로 매지 않고 긴 나무를 가로 얽어매어서 눌러놓았다. 기와집이라고는 찾아보기가 어려운데 양현(兩縣, *역주: 즉, 정의현과 대정현)의 관사 또한 초가일 정도이다. 촌락의 가옥 구조는 집안 내부가 깊고 넓으며 침침한데, 방들이 연이어 있지 않고 각 채〔梗〕로 떨어져 있다. 품관(品官)으로 불리는 사람의 집을 제외하고는 모두 온돌이 없다. 방바닥은, 먼저 구덩이처럼 파헤친 후 이를 돌로 메우고, 그 위에 다시 진흙을 발라 마르고 난 뒤에 그 위에 거처하도록 되어 있다. 내가 보건대 바람과 습기가 많은 지역에서 천식과 기침이 많이 나는 악질의 질병이 많이 발생하는 연고가 바로 이와 같다고 할 것이다.

酷崇祠鬼男巫甚多嚇人災禍取財如土名日朔望七七日初七十七二

十七必殺牲爲淫祠淫祠幾至三百餘所歲增月加妖訛屢騰人疾病甚畏服藥謂爲鬼怒至死不悟俗甚忌蛇奉以爲神見卽呪酒不敢驅殺吾則遠見必殺土人始而大駭久而慣見以爲彼異土人能如是耳終不悟蛇之當殺惑甚可笑吾舊聞此地蛇甚繁天欲雨蛇頭駢出城縫數四云者到此驗之虛語耳但蛇多於陸土而已意亦土人崇奉之過耳

사당에 귀신 모심을 몹시도 숭상하는데, 그래서 남자무당이 매우 많다. 무당들은 재앙과 화(禍)가 미칠 것이라고 남을 윽박지르듯 으름장을 놓으면서 재물 취하기를 마치 흙 밟듯이 손쉽게 처리한다. 명절[名日]과 삭망(朔望), 칠칠(七七)일(7일, 17일, 27일)에는 반드시 생물(生物)을 잡아 희생으로 삼고 요사스런 사당에서 제사한다. 이 요사스런 사당 수가 무려 3백여 개소나 될 정도로 많고, 해마다 달마다 늘어나는 것은 요사하고 잘못된 말을 자주 들먹이며 날뛰는 이들 때문이다. 사람이 질병에 걸렸어도 약을 복용함을 매우 두려워하는데, 이는 귀신을 노하게 하는 일이라고 여기는 습속에서 기인하는 것으로서 죽음에 이를 때까지도 이의 그릇됨을 깨닫지 못한다. 이곳 풍속이 뱀을 신처럼 매우 받들어 모신다. 행여 뱀이 보이면 사람들은 바로 술을 드리며 주문을 외우는데 감히 몰아내거나 함부로 죽이지 않는다. 나는 그것을 멀리서 보자마자 죽였는데, 그 광경을 지켜본 이곳 사람들이 처음에는 크게 놀라워했다. 내가 오랫동안 습관적으로 그런 모습으로 뱀을 대함은 이곳 사람들과는 사뭇 달랐고, 실제로 능히 그렇게 했던 것이다. 끝내 사람들은 당연히 뱀을 죽여도 되는 것임을 느끼지 못했다. 미혹됨이 더욱 심하여 우스운 것은 오래전에 들은 이야기인데, "이 땅은 뱀이 무척 번창한 곳이라서, 하늘이 비를 내리고자 할 때 먼저 뱀 머리가 나란히 포개어져 성(城)에서 나와 기어다니는데, 그 횟수가 무려 네 번이나 그랬다."는 것이다. 이 광경을 직접 목격했다는 자의 말은 다 허무맹랑한 것이다. 다만 육지의 땅에서보다는 이곳에 뱀이 많고, 이미 언급했다시피 이곳 사람들이 뱀을 존숭(尊崇)하고 받듦이 너무 지나치다는 게 사실로 다가올 뿐이다.

土人語音細高如針刺且多不可曉居之旣久自能通之古云兒童解蠻語者此也負而不戴有臼無舂擣衣無砧以手敲打冶鑪無踏以手鼓槖

이곳 사람들의 말소리는 가늘고 드세어서 마치 바늘로 찌르는 것 같이 날카로우며 또 알아들을 수 없는 말이 많다. 머무는 기간이 이미 오래 지나면서야 저절로 알아들을 수 있었다. 옛 사람이 이르기를 '어린애도 만어(蠻語)를 알아들을 수 있다.' 고 함이 바로 이를 두고 하는 말이다. 등에 지고 머리에 이지 않는다. 절구〔臼〕는 있으나 방아〔舂〕는 없고, 옷을 두드림에 다듬잇돌이 없으며(손으로 두드림), 쇠를 담금질할 때에 풀무질하면서 발로 밟는 일이 없다(손으로 부채질하여 불을 일으킨다.).

土人生員金良弼外識文者絶少人心鹵莽自品官下至微者皆交結朝貴無人無顧佛者其豪右求爲鎭撫土人自星主以來流風已然不足怪也次者旅帥次者書員次以下非品官持印貢生皆平民等鄕吏日各以漁利爲事毫縷細故皆有贈賂不知廉義爲何事以强制弱以暴刦仁不下君示以故官員貪如陸閑不以爲怪有廉義者蚩氓懷其惠而此輩笑其迂若不敎以學文以開其心則永無移風之期

이곳 사람 생원(生員) 김양필(金良弼) 외에는 문장을 이해하는 이가 극히 적다. 인심이 어리석어 품관(品官) 이하 말단 관리들에 이르기까지 모두가 다 조정의 높은 사람과 사귀어 결탁되어 있으며(사람마다 불자이기를 원하지 아니하는 이가 없다.) 그 토호(土豪)들은 진무(鎭撫)되기를 구한다(이곳 사람들은 성주 이래로부터 지금까지 유풍이 벌써 이러했으니 기괴하다 함이 모자랄 정도이다.). 다음은 여수(旅首)요, 다음은 서원(書員)이고(이들은 품관이 아니다.), 지인(持印) 공생(貢生)(이들은 모두 평민 등으로서 향리이다)인데 날이면 날마다 제각각 이득 취하기를 일삼고 아무리 작은 일이라 할지라도 모두 뇌물 증여가 이뤄지고 있었다. 예의와 염치를 모르는데 무슨 일인들 하겠는가? 강자가 약자를 억누르고 모진 자가 어진 이를 박해한다. 이들을 가르치기 위한 임금의 교시도 내리고 있지 않았다. 이 때문에 관리들은 육한(陸閑, *역주: 1505. 4.~1506. 8. 제주목사 재임)처럼 탐오(貪汚)를 일삼으면서도 하나도 이상하게 여기지 않는다. 간혹 관리 중에서 염치와 의리를 지키는 사람이 있으면, 백성들은 그 은혜를 못내 감격해 하지만 저 탐오한 무리들은 그를 어리석다고 비웃는다. 만약 학문을 가르쳐 그 마음을 열게 하지 않으면, 풍속을 좋은 방향으로 바꿀 기회가 영원히 없을 것이다.

蓋其心深喩於利不知其他有云廉善則以爲不利而深厭之矣若有高僧辨口怵以天堂地獄似亦不爲無助而土之僧徒皆畜妻村居頑如木石若如巫鬼者嚇人餠酒亦利之歸耳

대체로 그 마음이란 눈앞의 이익에는 깊히 박혀 있고 다른 것을 알지 못한다. 염치와 착함이 있다고 말할 때는 곧 이익이 되지 않음을 일컫는 것이 되고, 그리고 그런 일에 매우 염증을 느끼게 되는 것이다. 만약 말 잘하는 고승(高僧)이라도 있어서 천당과 지옥을 들먹거리며 저들로 하여금 설복(說服)시킬 수 있게 된다면 혹시 도움이 될지도 모르겠다. 그러나 이곳 승려들은 모두 부인을 두고 시골에 거주하고 있는 대처승(帶妻僧)들이 대부분이어서 성질의 완고함이 목석과도 같다. 만일 무당들과도 같이 사람들에게 으름장을 놓으며 떡과 술을 준비하게 한다 해도 그 이익은 고스란히 그들 손에 넘어갈 것이다.

三邑地皆漢拏山之麓崎嶇磽确平土無半畝耕者如挑剔魚腹地似平曠而難遠望而凹隆故也雖有阜陵而雜亂難辨勢如綱目或如亂塚雖多積石就中最高者皆積石也而不怪不雅不整皆頑礦黑惡見之可憎雖

或有丘巒而皆孤擲隆頹孤而不聳隆而又頹无廻擁之勢唯見巨岳窿然當中凝睢而已其視君言多骨少肉有皆骨之風者大相遼絶回思前昔所賤土山如全義淸州者何可得耶又山峰之頂必凹如鑊陷成泥潦峰峰皆然故謂之頭無岳此尤可怪

삼읍의 땅이 다 한라산 자락에 있어서 험하고 기름지지 않은 자갈밭 일색이다. 평평한 땅〔平土〕은 반무(半畝, *역주: '一畝'는 '百步'의 너비임)도 없고, 밭을 가는 자는 마치 물고기의 뱃살을 칼로 도려내는 듯하다. 땅이 질펀하고 넓은 것 같은데도 멀리 조망해보기가 어려운 것은 땅이 낮았다 높았다 하며 울퉁불퉁한 까닭이다. 비록 언덕이 있다 해도 어지러이 뒤섞여 있어 그 형세를 분간하기가 어렵다. 마치 그물눈 같이 얽혀 있는가 하면, 혹은 어지럽게 무덤들이 여기저기 널려 있는 것 같기도 하다. 비록 돌무더기[積石, *역주: 현재의 방사탑과 같은 것으로 보임](이 가운데 가장 높은 위치가 모두 돌담을 쌓아둔 곳이다.)가 많긴 하나 괴상하지도 고상하지도 않고, 깔끔히 정리되어 있지도 않아 모두가 다 완악(頑惡)해 보이고 거무튀튀한 게 보기에 가증스럽다. 혹 산봉우리가 있으나 외롭게 서서 튀어나오거나 기울어진 형태로서(고독하나 높이 솟지 못하고, 튀어나왔으나 이내 또 기울어져 있어서) 높았다가 낮았다가 하여 품어 안는 기세가 없을 뿐만 아니라, 오직 거대한 산악이 중앙에 떡하니 버티어 서 있는 것을 볼 뿐이다. 눈을 부릅떠서 사세히 보려 해도 이미 가로막혀 더 볼 수는 없지만 내 본 것은 이미 그대에게 말했

노라. 뼈가 많으면 살점이 적은데, 이는 모두 뼈대에 바람이 든 산들이기 때문이다. 크기가 서로 멀리 떨어져 있어 격절되어 있어 보인다. 돌이켜 생각해보면 앞서 옛날 이곳 산들이 마치 전의(全義, *역주: 현재 충남 전의면을 지칭한 것으로 보임)와 청주(淸州, *역주: 현재 충북 청주시)만큼이나 떨어져 있는 보잘것없는 산들인 바에야 어찌해서 이런 결과를 얻을 수가 있으랴(*역주: 이 부분에 특별히 전의, 청주 등의 지명이 등장함은 작자인 金淨의 출생지가 忠北 報恩임을 참고로 상기할 필요가 있음). 또한 산봉우리의 정상에는 반드시 가마솥같이 움푹 패인 곳이 있는데, 함몰되어 진흙 속의 물웅덩이를 이룬 것이다. 봉우리마다 모두 그러하기에 그것을 일컬어 '두무악(頭無岳)' 이라고 한다는데, 이야말로 더욱 괴이하게 보이는 것이다.

然若登漢拏絶頂四顧滄溟俯觀南極老人老人星大如明星在天南極之軸不出地上若現則仁壽之祥唯登漢拏及中原南嶽則可見此星指點月出无等諸山可盪奇胸如太白所云雲垂大鵬飜波動巨鰲沒者唯此可以當之惜吾羈囚勢不能耳然男兒落地橫截巨溟足踏此異區見此異俗亦世間奇壯事蓋有欲來不得欲止不免者似亦冥數前定何足與焉

그러나 만약 한라산 꼭대기에 올라 사면으로 둘러싸인 망망한 바다를 돌아보고 아울러 남극(南極)의 노인성(老人星)을 굽어보노라면(노인성은 그 크기가 샛별과 같고 하늘 남극의 축에 있어 땅 위에 나오지 아니한다. 만약 땅 위에 나타나면 어질고 장수하는 이가 많을 상서로운 징조이다.

오직 한라산과 중국 남악에 올라야 이 별을 볼 수 있다.) 월출산(月出山) 무등산(無等山) 등 여러 산을 가리켜 보며 흉중의 기구한 심사도 씻어낼 만할 것이다. 마치 이태백(李太白)이 천태산(天台山)에 올라 "구름 드리움은 대붕(大鵬)의 날갯짓인가, 물결 일렁임은 거오(巨鰲)의 꿈틀거림인가(雲垂大鵬飜 波動巨鰲沒)" 라는 시구를 남김이 바로 여기에 해당한다 할 것이건만, 애석하게도 나는 귀양온 죄인의 몸이라 그럴 수가 없구나. 하지만 남아로서 이 세상에 태어난 바에야 큰 바다를 가로질러 이 색다른 곳을 한번 밟아 보기도 하고 이 유별난 풍속을 보게 됨은 이 또한 세상의 기이하고 장쾌한 일이 아니던가. 대개 오고 싶어도 못 오는 경우가 허다하고, 오지 말자고 하여도 면하지 못하는 자가 있거늘, 사람의 운수 또한 미리 정하여진 것이니 내 어찌 만족하지 않을 수 있으랴.

漢拏及州邑地泉井絶少村民或汲水於五里則謂之近水或有終日一汲二汲而多鹹泉汲必以木桶負行凡卜物多女負行取多汲也土産尤絶少獸但獐鹿猪最多猫吾兒里亦多而此外狐兎虎熊等皆無禽有雉烏鴟雀而无鸛鵲等山菜蕨멸蕨最多而香蔬취朮人蔘當歸桔梗等皆無海菜但藿牛毛靑角而此外海衣甘箬黃角等皆無陸魚但銀口種而已海族有生鰒烏賊玉頭刀魚古刀魚等數種此外如絡締肚蠣蛤蟹蝦靑魚銀魚石首魚等諸賤種及雜種皆無焉

한라산과 제주읍 땅에는 우물과 샘이 절대적으로 모자라다.

시골사람들이 오 리(五里) 거리나 되는 곳에서 물을 길면서도 그래도 가까운 물이라고 일컫곤 한다. 어떤 곳에서는 하루종일 고작 한 번이나 두 번밖에 길지 못하는 곳도 있고, 소금기가 많은 짠 샘이 많다. 물을 긷는 데는 반드시 나무로 만든 목통(木桶)을 써서 등에 지어 나른다(무릇 짐이 많으면 대개 여인들이 등에 짊어진다.). 지역에서 나는 토산물(土産物)이란 몹시 적다. 들짐승[獸]이란 단지 노루와 멧돼지가 가장 많으며 오소리〔湍〕도 많다. 이 밖에 여우, 토끼, 호랑이, 곰들은 모두 없다. 날짐승[禽]으로는 꿩, 까마귀, 솔개, 참새가 있고 까치, 황새 등의 새는 없다. 산채(山菜)로는 개나물, 고사리가 가장 많고 향소(香蔬), 창출(朮), 인삼, 당귀, 도라지들은 없다. 해채(海菜)로는 미역, 우무, 청각이 날 뿐이고 이 밖에 김, 감태, 황각들은 모두 없다. 민물고기[陸魚]로는 단지 은어(銀魚)가 있다. 해족(海族)에는 생복(生鰒), 오징어, 옥도미, 고등어 등 여러 종류가 있고, 이 밖에 낙지, 굴, 백합, 게, 청어, 은어, 조기 등 여러 천한 종류는 모두 없다.

沙器陶器鍮鐵皆不産而稻絶少土豪貿陸地而食力不足者食田穀所以淸酒絶貴冬夏勿論用燒酒牛畜則多有價不過三四丁而味不及陸地者皆山野不食穀物故也

사기(沙器), 도기(陶器), 유철(鍮鐵)은 모두 다 생산되지 않고 벼〔稻〕는 매우 적다. 토호들은 육지에서 거래해서 사다가 먹지만 힘이 모자란 일반 백성들은 잡곡만 먹는다. 그래서 청주(淸酒)가 극히 귀하다. 겨울이건 여름이건 간에 소주를 사용한다. 소는 많이 사육하나 값은 3, 4정(丁)에 지나지 않는다. 육질의 맛이 육지만 못함은 소들이 모두 산야에서 나는 것만 먹고 곡물을 먹지 못하기 때문이다.

最可笑者地環巨海而塩不産欲煮田塩如西海則無塩可耕以取汲欲煮海塩如東海則水淡功百倍而所得絶少必貿於珍島海南等處故民間極貴

가장 우스운 것은 땅이 큰 바다에 둘러 있으면서도 소금이 생산되지 않는다는 사실이다(서해안에서처럼 소금밭을 일구려 해도 바닷물을 끌어들여 경작하기가 마땅치 않고, 동해안에서처럼 바닷물을 끓여 소금을 얻기엔 이곳 바닷물이 싱거워서 백 배의 공을 들여도 소득이 극히 적기 때문이다.). 그래서 진도, 해남 등에서 소금을 구입해야 하니 민간에는 이것이 지극히 귀할 수밖에 없다.

惟土産香簞俗名薰古最多而五味子亦多而實深黑而大如濃熟山葡萄不可辨味又濃甘考本草産朝鮮者良又云味甘者爲上吾知我國産者實紫少味多酸猶見重於本草意此土産者必高於天下无疑矣前此人皆不知但充杯盤之用吾始乾之滋潤異常今年則邑宰及吾皆多取作乾矣意欲雖少送去令君知之也時未畢乾也又有山果末應명實大如木瓜皮丹黑剖之子如林下夫人而異子差大味差濃蓋林下夫人之

種而大者耳聞海南等邊海處或有之未知信否此外則无称異陸地諸果如梨棗柿栗等雜種絶稀間有而全惡海松子全无松木亦甚稀吾服松葉僅取于遠地也

토산(土産)으로 가장 많이 나는 것으로는 오직 향심(香蕈)(속명 '표고')이 있고, 오미자(五味子) 역시 많다. 특히 오미자는 그 열매가 매우 검고 크기가 짙게 익은 산포도와 같아 구별할 수 없으며 맛이 또 매우 달다. 『본초(本草)』를 상고해보건대 "조선에서 생산하는 것이 좋다.", 또 이르되 "맛이 단 것이 상품(上品)이다."라고 했다. 내가 아는 바 국내산 오미자는 열매가 보라색이며 적고, 신맛이 많다. 오히려 『본초』에서 중요하게 본 것은 이곳 제주산 오미자를 두고 이름이다. 천하에 이것의 가치가 제일 높음은 의심의 여지가 없다. 이전에는 이런 사실을 사람들이 알지 못하고서 그저 잔칫상에 오르는 용도로만 이것을 충당하여 왔다. 내가 이것을 말리기 시작했는데 알차게 윤기가 흐름이 보통이 아니다. 금년에 읍재(邑宰, *역주: 한 고을을 다스리는 사람)와 내가 함께 그것을 많이 구해서 말리고 있다. 의욕에 비해 비록 적은 양이 될지라도 보낼 예정이니 그대는 그리 알고 있으려무나. 아직 시기적으로 덜 말려진 상태이다. 산과(山果)로서 말응(末應 - '멍')은 그 열매의 크기가 모과[木瓜]와 같고 껍질이 검붉으며 쪼개면 으름[林下夫人]과 같지만 다른 것이다. 그것에 비해 크기가 차이가 나고, 맛

또한 농도가 짙다. 대개 으름과 같은 종류이긴 하지만 열매가 큰 편이다. 해남 등의 해안가에서도 이것이 자생한다는 얘기가 있으나 믿기지 않는다. 이 밖에 달리 불리는 것들은 없다. 육지에서 나는 여러 과일들 중 배, 대추, 감, 밤의 잡종은 매우 드물고, 간혹 있으나 아주 나쁘다. 해송자(海松子)는 전혀 없다. 소나무 역시 매우 드물다. 내가 솔잎을 따서 상시 복용하는데 멀리까지 가서야 겨우 그것을 채취해올 정도이다.

此地可稱者橘柚梔子榧子無患子山柚子二年木無灰木鸚鵡螺椰子已上三物隧海螺椰子土人不知名行實陸上岸內得 地人作行瓢酒器謂之杏核加時栗赤栗二物乃橡實之類但不苦可作粥良馬等也

이곳의 특산이라 칭할 수 있는 것으로는 귤유(橘柚)・치자(梔子)・비자(榧子)・무환자(無患子)나무・산유자(山柚子)・종가시나무[二年木]・무회목(無灰木)・앵무조개[鸚鵡螺]・야자(椰子)(이미 앞의 세 개는 바다를 따라 떠밀려 온 것들이다. 조개와 야자는 이곳 사람들이 그 이름을 알지 못한다. 그 열매는 육상에서 나는 것이나 구하긴 해안 내에서 얻는다. 이곳 사람들은 술을 떠 담는 표주박으로 사용하는데, 이를 두고 살구씨앗이라고 일컫는다.)・가시율(加時栗)・적율(赤栗)(이 두 개의 열매는 도토리와 같은 종류로서 다만 쓰지 않다. 죽을 끓여 먹을 수도 있다.)・양마(良馬) 등이 있다.

橘柚九種有金橘九月熟最早者乳柑洞庭橘二品十月晦時熟三品相上下而金乳實差大而濃甘洞庭差小而味爽然酸味稍勝青橘此品秋冬則極酸不可食經冬到二三月酸甛適中五六月舊實爛黃新實青嫩同在一枝實爲奇絶至此時味甘如蜜和酷至七月則實中之核皆化爲水而味仍甘至八月九月至冬實還青核更成味極酸與新實無異方其酸時人賤之而不食又上三品方其時味佳絶故品第如此吾則謂此品乃第一品也山橘實小子如柚而味甘柑子柚子二品人皆知之唐柚子實大如木瓜可容一升餘而味及柚子然巨實懸乘黃爛可稱倭橘實大次於唐柚而味又不及唐柚斯爲最下凡此九種枝葉大同小異惟柚最多刺而實皮最香惟柑葉最厚而實皮最香薄意者此二品最下故也餘品刺不甚柑亦然而葉疎狹實皮嗅不甚香而嚼甚香烈且辛辛唐柚倭橘束皮亦然食不堪而藥最效意者品高故也樹高不過丈餘而大者或如柱喜叢生幹枝亦大多至數十相糾如龍盤礡磊磈奇古勁瘐皮理古者黃紫苔剝新者青駁可愛其葉四時長綠此地無一可觀維此樹林眞奇勝也

귤유(橘柚)에는 아홉 가지의 종류가 있다. 곧 금귤(金橘)(9월에 익으니 가장 이른 것이다.) · 유감(乳柑) · 동정귤(洞庭橘)(이 2종은 10월 그믐에 익는다. 3종의 품질이 서로 앞뒤가 매겨지는데, 금귤 유감은 열매가 조금 커서 매우 달고, 동정귤은 조금 작으나 맛이 시원하며 신맛이 약간 더하다.) · 청귤(青橘)(이 품종은 가을과 겨울에는 매우 시어서 먹을 수 없으나 겨울이 지나 2, 3월이 되면 시고 단맛이 알맞게 된다. 5, 6월이 되면 묵은 열매는 싯누렇게 되고, 새 열매는 새파랗게 되어 한 가지에 새 열매, 묵은 열매가 동시에 매달린 것을 보게되는데 실로 놀랍다. 이때가 되면 맛이 달아서 마치 꿀을 초에 버무린 것 같다.

7월이 되면 열매 속의 씨가 다 변하여 물이 되고 맛도 따라서 달다. 8, 9월이 되고 겨울이 되면 열매는 다시 푸르고, 씨가 다시 생겨서 맛이 아주 시어서 새 열매와 다름이 없으므로 한창 신 때에는 사람이 천히 여겨 먹지 않는다. 또 위의 세 가지 품종은 맛이 아주 좋으므로 품질의 차례가 이와 같이 되었으나 나로서는 청귤, 이것을 제일로 치겠다.) · 산귤(山橘)(열매가 작고, 씨가 유자와 같아 맛이 달다.) · 감자(柑子) · 유자(柚子)(이 두 가지 품종은 사람들이 다 잘 알고 있는 바이다.) · 당유자(唐柚子)(열매의 크기가 모과와 같아서 한 되〔一升〕 이상 찰 만큼 하지만 맛은 유자만 못하다. 그러나 커다란 열매가 달리고 누렇게 무르익은 모양은 광채가 난다고 할 것이다.) · 왜귤(倭橘)(열매의 크기가 당유자 다음으로 크고, 맛도 또 당유자만 못하여서 이것은 품질이 최하가 된다.)이다. 대개 이 아홉 가지 품종은 가지와 잎이 대동소이하다. 오직 유자는 가시가 가장 많되 열매 껍질은 향기가 가장 뛰어나고, 오직 감자는 잎이 가장 두꺼우나 열매껍질은 가장 향기가 박하다. 생각하건대 이 두 품종이 최하인 까닭이다. 나머지 품종들은 가시는 심하지 않으나(감자도 같음) 잎은 성기고 좁으며, 열매껍질은 냄새가 그리 향기롭지 못하나 씹으면 아주 향기롭고 시원하다. 또한 맛이 시어서(신맛의 당유, 왜귤은 껍질도 그와 같다.) 먹으면 견딜 수 없을 정도이나 약으로는 가장 효과가 크기에 품질이 높다. 나무 높이는 한 장(丈) 남짓에 지나지 않으나 큰 것은 혹 집의 기둥과도 같다. 더부룩하게 자라남〔叢生〕을 좋아하고, 가지와 줄기도 또한 크며 많은 것은 수십에 달한다. 서로 얽혀 있음이 마치 용이 서린 것과도 같은데 뒤섞여 있어 괴상하게 보인다. 수령이 오래되어 껍질이 굳어지고 무늬가 오랜 것은 누런 보라색을 띠고, 이끼가 벗겨져 새로운 것은 푸르고 얼룩져 사랑할 만하다. 그 잎은 사계절 언제나 푸르다. 이 지역에 하나 볼 만한 것이 없으나 오직 이 귤나무 숲만은 참으로 진기한 볼거리이다.

吾之所居在州城東門外半里金剛社舊寺基无四隣地頗幽僻立草屋數楹制依北土頗明敞內有小溫房一房外有末樓凉軒間半亦得陽得月軒簷下有老柹樹一株厚葉成陰常坐此軒而此樹近可捫也屋圍而石墻以醜石累積高丈餘上施鹿角木墻去簷僅半疋高而圍狹奉國法也然石墻高狹土俗皆然以防盲風饕雪況吾居旣狐寇盜亦可慮使吾自計不得不爾但稍寬則有矣墻旣礙眼無好狀雖栽植似亦無趣且吾時日不能自保無久遠心不暇以栽植爲意今得君言栽檜老蒼之事能起吾趣自明春欲列栽柑橘榧爲意

내가 거처하는 곳은 제주성 동문 밖 반 리(里) 정도 떨어진 곳에 있는 금강사(金剛社)로서 옛 절터이다. 사방에 이웃이라곤 없는 외딴 변두리이다. 초가 두어 칸이 들어서 있는데 북쪽 언덕을 의지하고 있으니 밝고 시원한 곳이다. 안채는 온돌방이 하나 있고, 밖으로는 한 칸 반쯤 되는 시원한 대청마루가 있어 볕을 쪼일 수도, 달구경도 할 수 있다. 처마 밑으로는 오래된 감나무 한 그루가 심어져 있는데 무성한 잎이 그늘을 만들기에 늘 마루에 앉아 이 나무를 가깝게 어루만지면서 지낼 수 있다. 집 울타리는 돌담으로 에워싸여 있는데 들쭉날쭉 돌이 쌓여 한 길 남짓이나 된다. 위로는 녹각목(鹿角木)을 설치해놓았고, 담장은 처마 밑 겨우 반 필(疋) 정도의 높이로 좁다랗게 쌓여 있다. 이렇게 대체로 돌담을 높고 좁게 쌓는 것은 국법(國法)에 따르는 일이긴 해도 이 고장의 풍속으로서 바람과 눈보라를 막기 위함일 것이다. 하물며 내가 거처하는 곳은 이미 외로운 곳이다. 도적이 들이닥칠 우려 또한 있는 곳이다. 나로 하여금 스스로 계획을 세우게 만든다. '부득이 당신은 다만 조금 관대해질 필요가 있다.' 담장은 이미 나의 시야를 막아놓아 좋은 볼거리가 하나도 없다. 비록 나무를 심는 일은 흡사 무의미한 일일 수도 있으리라. 게다가 나는 시시때때로 내 스스로를 보호할 수가 없는 몸이지 않던가. 원대한 마음도 오래 지속될 수 없다. 여유가 많아서가 아니라 나무심기로서 내 뜻을 담을 수 있기에 그렇다. 이제 그대에게서 전해들은 말 가운데 전나무를 식재하여 푸르게 가꾸겠다는 사업에 대한 이야기가 나의 생각을 불러일으켰다네. 봄이 되면 감나무 · 귤나무 · 비자나무를 줄지어 심고 싶어할 게 자명한 일이라는 게 내 생각이라네.

屋墻外二十許步正北有古梨樹一株高丈餘枝踈葉薄非好樹暫治而亭之環以苦竹然地勢高遠則北望滄海海去亭一里許楸子諸島歷歷

眼底稍遠則西望城中村烟官柳及城南果園在內城之南外城之內前泉之源乃官植橘柚之園外城爲泉重築里餘使泉在城內此園去吾亭半里呼聲不遠橘林頗有景致最近則俯臨金剛社果園亦官園橘柚溝植園去亭可五六十許步限以石墻然有小竹逕可通時得逍遙其下玉葉金實青黃橘爛劈之香噀君所謂長歌橘柚林斯時也得不倀然一延頸相憶耶惡地斯亭有少賴焉

집과 담장 사이 20보(步) 정도 떨어진 곳의 정북 쪽으로 수령이 오랜 배나무 한 그루가 서 있다. 높이는 한 장(丈) 남짓하고, 가지는 성기고 잎새는 부박하여 별로 좋은 나무가 아니다. 누군가 잠시 동안 가꾸었던 것 같은데 이제는 그대로 거기에 있는 것이다. 주위는 어렵사리 대나무로 둘러놓았다. 그러나 지세는 높고 먼 편이어서 북쪽으로 멀리 푸른 바다가 보인다(바다로 가서 머물려면 약 1리 정도 가야 한다.). 추자도의 여러 섬들이 역력히 한눈에 들어온다. 조금 더 나아가 서쪽을 바라보니 성중(城中)이다. 마을의 밥 짓는 연기와 관청의 늘어진 버드나무, 그리고 성남의 과원(果園)(성의 남쪽 외곽 내에 있다. 앞은 샘의 원천이고, 이내 관에서 귤유(橘柚)를 심은 동산이다. 외성이 샘인 셈이고 증축한 게 몇 리나 된다. 샘으로 하여금 성내에 있게 했다. 이 과원에서 내가 머무는 정자까지는 반 리(里) 정도의 거리로서 부르는 소리가 가까이 들릴 정도이다.) 귤림(橘林)은 경치가 자못 빼어나다. 가장 가까운 곳에 있는 금강사(金剛社)는 과원(果園)(역시 官園이다.)에서 불과 엎어지면 코 닿을 정도의 가까운 거리에 있다. 귤나무, 유자나무가 심어져 있고, 과원에서 정자까지는 약 5, 60보 정도의 거리이다. 돌담으로 한계를 설정해놓았지만, 작은 대나무 숲길이 나 있어 다닐 수 있다. 시간이 나면 종종 그 밑을 소요하며 건곤 한다. 옥 같은 잎새와 금싸라기 같은 열매는 푸르스름하기도 누르스름한 귤의 모습이다. 쪼개면 뿜어내는 향기야말로 그대가 말한 소위 장가(長歌) '귤유림(橘柚林)' 을 떠올리게 한다. "아, 이날 이때 동안 길 잃어 헤매지 않고 한결같이 목놓아 기다리고 바라던 바, 서로 기억할 테지." '나쁜 곳에, 나의 이 정자가 있다.' 라는 말은 믿을 게 못 된다네.

又吾居幸近泉發源城南果園之東隅源發卽大可如福泉洞水流出東城底以資吾汲用汲處僅四十步許冷冽如氷地本無氷賴此泉滌煩又州夏日氷向于此但下流汚不可美翫汲先旣多勢不得不汗至海口成潭至此水淸又有淸潭深處人不得行可泛舟中産銀昬最多傍有蘆葦之屬稍有江湖之幽趣吟哈之處産銀口魚或網得或釣得海有小魚數種亦可坐岸而釣如此似差可而興味甚淺不如淸江澗溪之樂蓋坐處無小可者故也海釣則又風浪洶飜絶少安帖之日尤無淡雅之味

또한 다행하게도 내가 거처하는 곳 가까운 곳에 샘물이 솟아나는데, 성남(城南)의 과원(果園) 동쪽 모퉁이로 흘러들어, 수원(水源)이 곧 커지게 되면서(복천동 골짜기의 물과 같다 할 것이다.) 동쪽 성 밑으로 흘러나온다. 내가 식수로 이용하는 곳(물을 긷는 곳이 40보 정도의 거리에 있다.)의 물은 차갑기가 얼음과 같다(이 땅에는 본래 얼음이라고는 없다. 이 샘이 그런 고민을 한꺼번에 씻어주기에 제주의 여름날 얼음 대신 이곳으로 향하게 되는 것이다.). 다만 하류 쪽은 더러워서 이용하여 놀 수 없다(물을 긷는 일도 이미 많았고, 땀을 씻어내는 데도 어쩔 수 없이 이용해야 하는 형편이기 때문이다.). 바다 입구 쪽에 다다르면 못을 이룬다(이곳에 이르는 물 또한 맑은데 깊고 푸른 연못이 자리해 있다. 배를 띄워야 지나갈 수 있는데, 은어(銀魚)가 가장 많으며, 곁에는 갈대 종류의 풀들이 자란다. 얼마간 강호(江湖)의 고상한 취미를 느낄 수가 있는데, 시를 읊조릴 만한 곳이다.). 은어〔銀口魚〕가 나는데 그물로 혹은 낚시로도 잡을 수가 있다. 바다에서는 작은 물고기들이 여러 종류가 잡히는데, 해안에 앉은 채로 낚시를 할 수도 있다. 이처럼 엇비슷한 차이의 방식의 고기잡이는 그 흥미가 매우 보잘것없는 것으로서 푸른 강 한가운데서 배를 타고서 혹은 계곡의 골짜기에서 즐기는 즐거움에는 비할 바가 못 된다. 대개 앉아 있을 만한 장소로 협소하지 않을 곳을 찾을 수 있기에 그렇다. 바다낚시 또한 풍랑의 거셈이 지극히 적어 편안하게 마음을 놓을 수 있는 날을 택한다면 훨씬 싱겁지 않고 고상한 맛을 느끼게 할 것이다.

且所偕非土人卽方生生名舜賢判官之妻娚學儒於吾輩事頗聞風持意足多稍可談話而染俗乏雅於江湖無入處然海外遇斯人豈非幸甚歟豈足發吾興旣無意中人可共如君所言略無心悰且國法可畏故其出甚稀一朔不過或一

或二或踰朔不出梨亭亦不甚數出橘園尤稀徃踽踽獨步祗增索寞耳
橘熟時則嫌亦宜遠官有直守

게다가 이곳 출신 토박이[土人]가 아니면서 나와 가깝게 지내는 사람으로 방생(方生)(그의 이름은 '舜賢' 이며 제주 판관(判官)의 처조카라고 했다. 우리들에게서 유학을 공부하는데 소문을 듣고 찾아왔던 것이다. 지니고 있는 뜻이 만족함을 느껴 대화를 나눌 수 있는 상대이긴 하지만 세속에 물들어 아정(雅正)함이 결핍되어 있어 강호(江湖)에 처할 수 있는 형편은 아니다. 그렇지만 바다 밖 먼 곳에서 이런 사람을 만날 수 있음이 어찌 다행스런 일이 아니겠는가.)이란 자가 있는데, 그이가 어찌 내 관심을 끌기에 흡족하지 않으랴. 이미 뜻하지 않게 만난 사람이 함께 할 수 있음은 그이가 그대처럼 말하는 바가 간략하고 무심코 즐겁게 하기 때문이다. 더구나 국법이 두렵기에 외출 또한 특히 삼가하여 그 횟수가 심히 적은데, 보름에 불과 한 번 아니면 혹 두 번 있을까 말까이다. 심지어 보름 내내 한 번도 나가지 않을 때도 있다. 이정(梨亭)에 나감 또한 자주 있는 것이 아니다. 귤원(橘園)을 거닒은 더욱 드물다. 혼자서 터벅터벅 걸으면서 여러 가지 생각들을 접고서는 쓸쓸하게 사색하는 것이다(귤이 익을 시기에는 오해를 산 혐의 역시 의당 멀리해야 하는데 관에서 직접 나와 지키고 있다.).

骨肉隔絶親知悠緬昔時遊從凋喪已多天外孤身幾嘗世故尋常處心固未嘗不怡然順理而忽然念到亦未嘗不悵然以感也

골육(骨肉)이 멀리 떨어져 있어 단절되고, 친지의 소식도 아득한데, 옛날 나와 함께 놀던 이들 가운데 벌써 저세상에 간 친구들도 많을 테지. 하늘가에 붙인 외로운 이 몸! 이제 얼마나 더 세상 변고를 맛보아야 할 것인지. 일찍이 평상시의 마음먹기로는 '사생(死生)에 대하여' 오로지 즐거이 순리로 받아들이려고 하지 않았던가. 홀연히 생각이 여기까지 미치고 보면 아닌게아니라 처량한 느낌마저 떨쳐버릴 수는 없다. (*필자 졸역, 2005)

〈부록〉 2. 김정(金淨) 의 「도근천수정사중수권문(都近川[1]水精寺[2]重修勸文)」

※ 정덕(正德) 신사(辛巳) 정월기망(正月旣望)에 쓰다. 홍유손(洪裕孫) 또한 앞서 이런 글을 썼다.(正德辛巳正月旣望洪裕孫先亦此文)[3]

【讀原文】

維耽羅國於海島舟道敻遠[4]有風濤寇剽之虞[5]土之人士率憚[6]於遊學北方聞道[7]者盖鮮以故甿俗[8]朴鄙而癡[9]也而好敎[10]凡有所求祈禳病厄得喪福禍一聽於神乃奉貍鼠蛇鬼[11]以爲神叢祠[12]相望錚鼓[13]

---

1 都近川(도근천): 한라산 정상에서부터 발원하여 제주시 외도동 해안으로 내리는 큰 내를 두고 일컬음. 『신증동국여지승람(新增東國輿地勝覽)』 권38 제주목 산천조에, “도근천은 제주목에서 서쪽 18리에 있다. 일명 수정천(水精川), 또는 조공천(朝貢川)이라고도 한다.” 고 했다. 한편 김상헌(金尙憲)은 『남사록(南槎錄)』에서 언급하기를, “도근천은 일명 수정천(水精川)이라고 하고, 조공천(朝貢川)이라고도 한다. 제주 사람들의 말이 매끄럽지가 못한데, 도근천(都近川)은 곧 조공천이란 말의 그릇된 표현이다.” 라고 소개하고 있다.
한편 등반로가 없던 옛날에는 이 내를 거슬러 한라산에 오르기도 했는데, 그런 기록들도 종종 산견된다. 예컨대 김치(金緻)는 ‘유한라산기(遊漢拏山記)’ 에서 이 내를 두고서 철천(鐵川), 곧 무쇠내라고 호칭했는데, 현재도 무수천이란 명칭이 유지되고 있다.

2 水精寺(수정사): 『신증동국여지승람』 권38 불우조에 “수정사는 도근천 서쪽 언덕에 있다.” 라고 했고, 담수계의 『증보탐라지』에는 “도근천 서쪽 언덕에 있다. 1300년(충렬왕 26)에 원나라 왕후가 창건하였다. 규모가 굉장히 크고 수려하며, 두 불상이 있으니 중국으로부터 가져온 것이다.” 라고 되어 있다.
한편 고려 말 이제현(李齊賢)의 『익재난고(益齋亂藁)』 소악부(小樂府)에 한역시로 ‘수정사’ 란 제목의 제주민요가 실려 있다. 이 시는 부패한 사대부들과 승려들의 방탕한 생활을 늙은 기녀의 말을 통하여 폭로하고, 특히 사주(社主)와 기녀와의 행각을 풍자적으로 표현하였다. 그 내용은 이렇다.
“도근천 제방이 터져 / 수정사 안에 물이 출렁이네 / 승방에다 이 밤에 미인을 재우니 / 주지는 도리어 뱃사공이 되었네.” (都近川頹制水防 水精寺裏亦滄浪 上房此夜藏仙子 社主還爲黃帽郎)

相聞有名日朔望七七之祠[14]祠一作祀[15]必殺牲牢[16]糜酒食以爲饗以是祠益謹而畜益耗業益損以至災沴[17]妖訛[18]饑饉癘疫[19]盜賊繁興而益虔不怠雖揭之仁義毆[20]之以刑威而不能已也求其所以化之

---

3 正德辛巳(정덕신사)…, 洪裕孫(홍유손)….: 각주체의 글로 전하는 내용은 크게 두 가지다. 첫째는 이 글을 쓴 시기가 저자인 충암 김정이 사약을 받고 운명하던 해인 중종(中宗) 16년(1521) 음력 정월 16일이란 사실이다. 이로부터 정확히 9개월 뒤인 10월 17일에, 김정은 사약을 받고 36세의 나이로 세상을 하직하는 운명에 처하게 된다. 둘째는 제주유배인 홍유손 역시 먼저 이런 글을 남겼다고 언급한 사실이다. 아마도 홍유손의 '존자암개구유인문(尊者庵改構侑因文)' 을 두고 일컫는 듯하다. 참고로 홍유손(洪裕孫)이 제주로 유배 온 게 연산군 4년(1498)의 무오사화(戊午士禍) 때이고, 중종반정(1506)이 일어나던 해에 유배에서 풀려 자유인이 되었다. 이듬해인 중종 2년(1507) 정월 7일에 홍유손이 '존자암개구유인문' 의 글을 썼다는 기록으로 미루어 보아 그보다 20년 뒤에 제주로 유배 온 처지인 김정 역시 이 글을 읽었던 것으로 짐작된다. 그런데 제주학 향토사료 관련 글에서, 본래 홍유손의 존자암 관련 글이 종종 김정의 '존자암중수기' 로 잘못 소개되는 경우를 접하게 된다. 예컨대 김상헌의 『남사록』과 이형상의 『남환박물』의 경우가 대표적 사례로서 이는 시정되어야 할 사항이다.

4 舟道敻遠(주도형원): 뱃길이 아득히 멀다.

5 寇剽之虞(구표지우): 왜구(倭寇)의 약탈에 대한 근심. 여기에서 '寇(구)' 를 단순히 도적떼라고 풀이하기보다는 제주의 지정학적 위치에서 볼 때 당연히 왜구(倭寇)로 해석함이 훨씬 자연스럽다고 생각한다.

6 率憚(솔탄): 대개 꺼리다.

7 聞道(문도): 도리를 깨달음. 『논어(論語)』「이인(里仁)」편의 "아침에 도를 들으면 저녁에 죽어도 좋다(朝聞道夕死可矣)." 란 구절에서 인용한 듯하다.

8 甿俗(맹속): 평민들의 풍속. 민속(民俗).

9 朴鄙而癡(박비이치): 질박하고 비루(鄙陋)하며 어리석다.

10 好敎(호교): 어떤 믿음, 혹은 종교를 좋아하다. 여기에서 '敎(교)' 자를 '殺(살)' 의 오자라고 주석을 단 경우도 있는데 그대로 두어도 무방하다고 본다.

11 貍鼠蛇鬼(이서사귀): 이귀(貍鬼) · 서귀(鼠鬼) · 사귀(蛇鬼). 곧 삵괭이 귀신, 쥐 귀신, 뱀 귀신.

12 藂祠(총사): 수목이 우거진 곳에 있는 사당. 보통 '叢祠(총사)' 로 표기함.

13 錚鼓(쟁고): 징소리와 북소리.

14 名日朔望七七之祠(명일삭망칠칠지사): 명일지사(名日之祠: 명절날 찾는 사당) · 삭망지사(朔望之祠: 초하루 보름날 찾는 사당) · 칠칠지사(七七之祠: 음력 칠일 · 십칠일 · 이십칠일 날 찾는 사당. 보통 제주에서는 이를 두고 '일렛당' 이라고 지칭함).

之方唯佛爲最近佛之爲敎主慈而禁殺有緣業福罪之權[21]空寂出離

之妙聳動大勝之機俗易怵[22]而人易趍[23]也由是而崇其棟宇嚴其像

設俾[24]得有歸依其病厄得禳祈求有所憑恃[25]作善躍然[26]有所欣造

惡瞿然有所忌夫然則妖淫之祠無益之殺可以少弛也由是而良心介

然[27]孝弟油然[28]日遷善[29]遠罪沛然[30]流入於仁義之途以服上之敎化

則其於理化豈少裨[31]乎哉由是而人化旣融天和幸應災沴癘疫消息

夫然則雖持卷而普勸之從而鼓舞之縱臾[32]之起發其信心共結良緣

捐財倂力[33]更新舊刹未爲過也已

---

15 一作祀(일작사): 어떤 책엔 '祀(사)' 자로도 쓰임. 보통 '祠(사)' 는 사당(祠堂)의 의미로, '祀(사)' 는 제사(祭祀)의 의미로 쓰인다고 전제할 때, 이 글의 문맥상 '祠(사)' 보다는 '祀(사)' 로 봄이 더 타당할 것으로 사료된다.

16 牲牢(생뢰): 제사에 쓰는 가축. 희생(犧牲).

17 災沴(재려): 상서롭지 못한 기운인 악기(惡氣)로 입는 재해.

18 妖訛(요와): 요사하고 거짓된 말.

19 癘疫(여역): 염병. 유행성 급성 전염병의 통칭.

20 毆(구): 몰아세우다. 옥죄다.

21 權(권): 저울. 저울질하다. 여기서는 권형(權衡), 즉 법도와 표준의 의미로 풀이했음.

22 怵(출): 두려워하다.

23 趍(추): 달리다. 붙좇다. 따라 행하다. '趨(추)' 자와 같은 의미로 쓰임.

24 俾(비): ~로 하여금 ~하게 하다.

25 憑恃(빙시): 의지함. 의존함.

26 躍然(약연): 기뻐하는 모양. 혹은 약여(躍如)와 같은 뜻으로 눈앞에 생생하게 나타남.

27 介然(개연): 고결함.

28 油然(유연): 저절로 그러하게 되는 모양.

29 遷善(천선): 허물을 고쳐 착하게 됨. 보통 '개과천선(改過遷善)' 이라고 함.

30 沛然(패연): 빨리 가는 모양. 비가 세차게 오는 모양.

31 少裨(소비): 적은 보탬.

32 縱臾(종유): 권함. 부추김.

33 捐財倂力(연재병력): 재물을 출연하고 힘을 한데 모음.

【역문】

이른바 탐라국(耽羅國)은 바다로 둘러싸인 섬이기에 그 뱃길은 아득히 멀다. 바람과 파도, 혹은 왜구의 약탈에 대한 근심이 많기에 토박이 사람들은 북쪽의 뭍으로 나가 학문에 전념하기를 꺼린다. 도리를 들어 아는 자가 적기에 이곳의 풍속은 자연스레 질박하고 비루하며 어리석기까지 해서 어떤 믿음을 좋아한다. 대개 구하는 바가 있으면 기도하고 제사를 지내는데, 병이나 액운 때문에 상(喪)을 당하면 그 복과 화를 하나같이 신에게 돌리려 한다. 급기야 삵괭이나 쥐, 뱀 귀신마저도 신으로 여겨 모신다. 수목이 우거진 곳에 있는 사당들이란 여기저기 서로 마주 보일 정도이고, 징소리와 북소리가 연이어 들려나올 정도이다. 명절 때 가는 사당, 초하루 보름이면 가는 사당, 7일 자 되는 날 찾아가는 '일렛당' 등이 있다. 이 제사에는 반드시 가축을 죽여 희생을 삼고 죽과 술, 음식 등으로 향연을 삼는다. 이러기에 사당은 날로 삼가는 곳이 되고, 가축은 날로 소모가 되며, 사업은 날로 손해가 일어난다. 급기야 악기(惡氣)로 인한 재앙이 나타나기도 하고, 요사하고 거짓된 말이 나돌며, 기근(饑饉)과 전염병이 도는가 하면 도적떼가 자주 발생하기도 한다. 그럼에도 제사는 더욱 경건하고 태만할 줄을 모른다. 비록 인(仁)과 의(義)를 내걸어도, 형벌과 위엄으로 옥죄어도 막무가내이다. 그들을 교화시킬 방편을 찾아내야 하는 까닭에 그것을 찾다 보니 오직 부처만이 가장 근접한 해결책이었다. 부처를 믿는 종교란 자비를 위주로 하면서 살생을 금한다. 세상에서 지은 업(業)의 인연이 바로 복을 내리고 죄를 주는 저울인 셈이다. 공(空)과 적막함의 세계로 떠나올 수 있는 오묘함이 있기에 충동하면 크게 이길 수 있는 기회가 마련된다. 따라서 풍속은 쉽게 두려워할 수 있게 만들 수 있고 사람들은 이에 쉽게 붙좇게 할 수 있는 것이다. 이런 이유로 말미암아 그 암자의 건물을 숭상하게 되고 그 불상의 시설에 위엄을 갖추게 되면서 사람들로 하여금 자연스레 불가에 귀의(歸依)하게 만들 수 있다. 따라서 병과 액운 때문에 상(喪)을 당한 사람들이, 빌고 얻고자 함에는 착한 일을 지음에 의지하는 바가 생기게 되고, 눈앞에 전개되는 행동에는 나쁜 일에 두려워하고 기피하게 만드는 것이다. 무릇 그렇다면 요사하고 나쁜 사당은 적어지고 무익한 살생은 느슨해질 것이다. 따라서 양심이 고결해지면서 저절로 부모에게 효도하고 형제간의 우애가 돈독해질 것이며, 날마다 잘못을 바로잡아 고쳐나가면서 죄를 멀리함이 활기차게 전개될 것이다. 이것이 인의(仁義)의 길로 들어서면서 윗사람에게 복종하는 교화가 일어나게 한다면 그 이치에 맞는 교화가 어찌 적은 보탬이 된다고만 할 수 있겠는가. 이로 말미암아 사람의 교화가 무르익고, 하늘의 화기(和氣)가 다행스럽게도 조응(照應)하니 악기(惡氣)로 입은 재난은 자연스레 사그라지고 전염병의 창궐은 그치게 되는 것이다. 무릇 그렇다면 비록 책을 지닌 채 널리 따라오기를 권면함이나 신심(信心)이 일어나도록 직접 고무시키면서 부추김이나 매한가지로 모두 좋은 인연을 맺도록 함인 셈이다. 이에 재물을 출연하고 힘을 한데 모아 다시 옛 사찰을 새롭게 함이란 사리에 크게 어긋나는 일은 아닌 것이다.

【讀原文】

或曰子[34]儒者不務敷揚[35]孔子之道以牖[36]乎遠俗而顧且[37]屢屢[38]焉資[39]誕謾[40]異敎以爲說豈亦信道不遷也歟且將陷溺[41]人心靡靡不可止子焉所逭[42]其愆[43]余曰然子固以是而病我乎夫无所爲而爲善雖學者猶病之彼民俗之所喩者利害也得喪也所喜而惡者福與禍也彼但知利之利不知仁義之利利彼且恣睢[44]奮敓[45]唯蘄利[46]乎已而不暇顧夫病乎物如是焉而驟[47]而告夫仁義彼寧知仁義爲何物提耳

---

34 子(자): 그대. 여기서는 문맥상 필자 자신인 김정(金淨)을 두고 표현한 것으로 보인다. 결국 자문자답의 형식을 빌려 이런 글을 쓰게 된 자신의 의도를 피력해낸 것으로 볼 수 있다.
35 敷揚(부양): 널리 전파하고 선양함.
36 牖(유): 인도하다. 이끌다.
37 顧且(고차): 곧. 머지않아.
38 屢屢(누누): 여러 번. 여러 차례.
39 資(자): 갖추다. 구비하다.
40 誕謾(탄만): 방종하고 오만함. 황당무계함.
41 陷溺(함닉): 잘못된 길로 빠져 헤어날 수 없음의 비유.
42 逭(환): 피하다. 면하다. 달아나다.
43 愆(건): 허물. '諐(건)' 의 고자.
44 恣睢(자휴): 다른 사람의 말을 듣지 않고 제 고집대로 함.
45 奮敓(분탈): 분발하여 바꾸다.
46 蘄利(기리): 이익만을 빌다. 여기서 '蘄(기)' 는 '祈(기)' 와 통용.
47 驟(취): 갑자기. 별안간.

而惇誨[48]之耳受以腹扞[49]悾悾[50]然矣然而罪福迫已之言猶或有時竦然[51]動乎中而聽嚮焉其下者猶怯乎罪福以不敢肆[52]焉由是而漸之乎善而除乎惡其不愈也耶[53]玆固納約自牖[54]之道也歟彼佛氏者生於西蕃獷悍[55]之區雖使畢世[56]談仁義道德未必有一二化也唯其廣張罪福而脅誘之彼其垂首受敎不闞然[57]屬刃以相視者亦幸矣此亦其設敎之權也彼爲敎雖誕謾憿恍[58]其韙[59]使人去惡從善復其良心則一也不知者固且[60]以是而病[61]吾後有知者必且因是而得吾心焉耳[62]吾固有所不得已於斯言而於吾心有惻然[63]焉

48 惇誨(돈회): 열심히 가르쳐 깨우침.
49 腹扞(복한): 마음속으로 막아서다.
50 悾悾(공공): 정성스러운 모양. 일설에는, 우직한 모양.
51 竦然(송연): 두려워서 오싹해지는 모양. 공경하고 조심하는 모양.
52 肆(사): 마음을 놓다.
53 不愈也耶(불유야야): ~이 더 낫지 않겠는가?
54 納約自牖(납약자유): 간단하면서 스스로 사람을 바른길로 인도함. 간략히 '납유(納牖)' 라고도 함.
55 獷悍(광한): 거칠고 사나움.
56 畢世(필세): 필생(畢生). 생이 다할 때까지.
57 闞然(함연): 범이 입을 크게 벌린 모양.
58 憿恍(창황): 어리둥절함. 정신이 얼떨떨함.
59 韙(위): 옳다. 아름답다. 위덕(韙德)이란 아름다운 덕의 뜻이다. 즉, 가르침으로 이해될 수 있다.
60 固且(고차): 잠시. 잠깐.
61 病(병): 근심하다. 염려하다.
62 焉耳(언이): ~할 뿐이다.
63 惻然(측연): 가엾게 여기는 모양. 슬프고 가슴 아픔.

【역문】

어떤 사람이 내게 말을 하기를,

“그대는 유자(儒者)로서 공자의 도를 널리 전파하고 선양하면서 먼 곳의 풍속을 이끄는 일에 힘써야 되지 않습니까? 그런데 이제 곧 황당한 이교(異敎)를 들먹거리며 누누이 강조함이란 이 어찌 도를 신뢰함이 흔들리지 않을 수 있단 말입니까? 더구나 미미한 일에 인심을 빠뜨리게 함이 멈추지 않을 듯한데 그대는 어찌 그 허물을 면할 수 있단 말입니까?”

이에 내가 이르기를,

“허나 그대는 참으로 이것을 두고 나의 병폐라고 여기십니까? 무릇 달리 할 바가 없는데도 선(善)을 행하라 함은 비록 배우는 학자라고 해도 오히려 그것을 병폐로 여깁니다. 저들 백성들의 풍속에서 나타내고자 하는 바는 한마디로 이해득실(利害得失)입니다. 기뻐해 할 것은 복(福)이요 두려워해 할 것은 화(禍)입니다. 저들 백성들은 다만 이해관계에서의 이익에 대해서만 알 뿐이지 인의(仁義)의 가치로 말미암아 생기는 이익은 알지 못합니다. 설사 저들을 이롭게 한다 하더라도 제 고집대로만 할 뿐 오직 자신에게 이익되는 일에만 분연히 태도를 바꾸면서 돌아다 볼 겨를조차 없습니다. 무릇 사물에 대한 병폐가 이러할진대 갑작스레 인의(仁義)를 들먹거린다면 하물며 저들이 인의를 어떤 것으로 알겠습니까? 귀를 잡아끌며 열심히 가르쳐 깨우친다 해도 귀로는 받아들이면서도 마음속으론 막아서면서 멍멍한 모습을 보일 게 뻔합니다. 그러나 죄와 복이 자신을 옥죄게 할 수도 있다는 말은 그래도 간혹 움찔해 하며 몸을 떨게 만들 수도 있기에 도중에 귀를 기울이게도 할 것입니다. 한 단계 아래 수준의 사람의 경우엔 오히려 죄와 복으로 겁을 주면 마음을 놓을 수가 없을 것입니다. 이런 까닭에 점차로 선에 다가가면서 악이 제거된다면 더 낫지 않겠습니까? 이것이야말로 참으로 간략하면서도 사람을 절로 바른길로 인도함이 아니겠습니까? 부처란 사람은 본래 서번(西蕃)의 거칠고 사나운 지역에서 태어났기에 설령 생이 다할 때까지 인의와 도덕을 얘기하게 한다 해도 한둘의 교화도 필히 이루어질 수 없다고 봅니다. 오직 그는 죄와 복을 널리 열어서 저들을 협박하고 유혹해냈던 것입니다. 저들은 머리를 수그리고 교리를 받아들면서도 입을 열어 한마디의 불평도 늘어놓지 않습니다. 칼날에 추종하면서도 서로 쳐다보고 있는 것만으로도 다행으로 여기기 때문입니다. 이것 또한 설교의 한 표본인 것입니다. 저들이 믿는 교리가 비록 황당하고 어리둥절케 한다 해도 그 미덕이란 사람들로 하여금 악을 내쫓고 선을 따르게 해서 그 양심을 회복케 해준다는 점인데, 결국 이는 하나로 통합니다. 알지 못하는 자가 잠시 이를 두고서 나의 병폐라고 여길지 모릅니다만, 훗날 아는 자가 있다면 이것이야말로 내 마음을 진정 이해시킬 수 있을 것으로 봅니다. 내가 참으로 부득이하게 이런 말까지 해야 함이 내 마음에 서글픈 생각마저 들게 합니다."

【讀原文】

高君根孫[64]信佛而心乎善者也念元朝[65]舊物巋然[66]獨存者唯都近川之水精寺風掀雨淋[67]甍桷[68]沒剝[69]惜其且遂圮[70]而无餘存也慨然[71]奮思[72]與同志者仍其舊而重營之庶幾[73]其不墜乃來求文於余甚勤於是乎撰其答客之語書以畀[74]之

【역문】

고근손(高根孫) 군은 불교를 믿으면서도 마음이 착한 자이다. 생각건대 원(元) 나라 때의 오래된 유물로서 우뚝하게 홀로 남아 존재하고 있는 게 오직 도근천(都近川)의 수정사(水精寺)뿐이다. 오랜 세월 비바람에 흔들리고 젖어들면서 건물의 용마루와 서까

64 高君根孫(고군근손): 고근손(高根孫) 군(君). 제주도 토박이로 보이긴 하지만 자세한 인적 사항이 알려지지 않음.
65 元朝(원조): 원(元) 나라 조정 때.
66 巋然(규연): 홀로 우뚝 선 모양.
67 風掀雨淋(풍흔우림): 바람에 뒤집어지고 비에 젖다.
68 甍桷(맹각): 용마루와 서까래.
69 沒剝(몰박): 깨지고 벗겨지다. 원문의 '氵+多'의 형태의 한자어는 옥편에 실려 있지 않음.
70 圮(비): 무너지다. 부서지다. 허물어지다.
71 慨然(개연): 분개하는 모양. 감정이 격앙된 모양.
72 奮思(분사): 생각을 떨쳐내다.
73 庶幾(서기): 바라건대. 원컨대.
74 畀(비): 주다. 건네주다.

래가 썩고 벗겨졌는데, 장차 그것이 허물어져 아무것도 남아 있지 않을 것처럼 보였다. 이를 애석하게 여겼던 그는, 이에 보다 못해 생각을 강하게 떨쳐내어 뜻을 같이하는 이들과 더불어 그 옛 모습을 보존하면서 그것을 다시 중수(重修)하고자 한 것이다. 원컨대 그것이 무너지지 않기를 빌면서 나에게 찾아와 문장을 구하려 듦이 참으로 열심이었다. 이에 그 길손에게 답하는 형식의 글을 지어 그에게 주노라. (*필자 졸역, 2010)

영인본

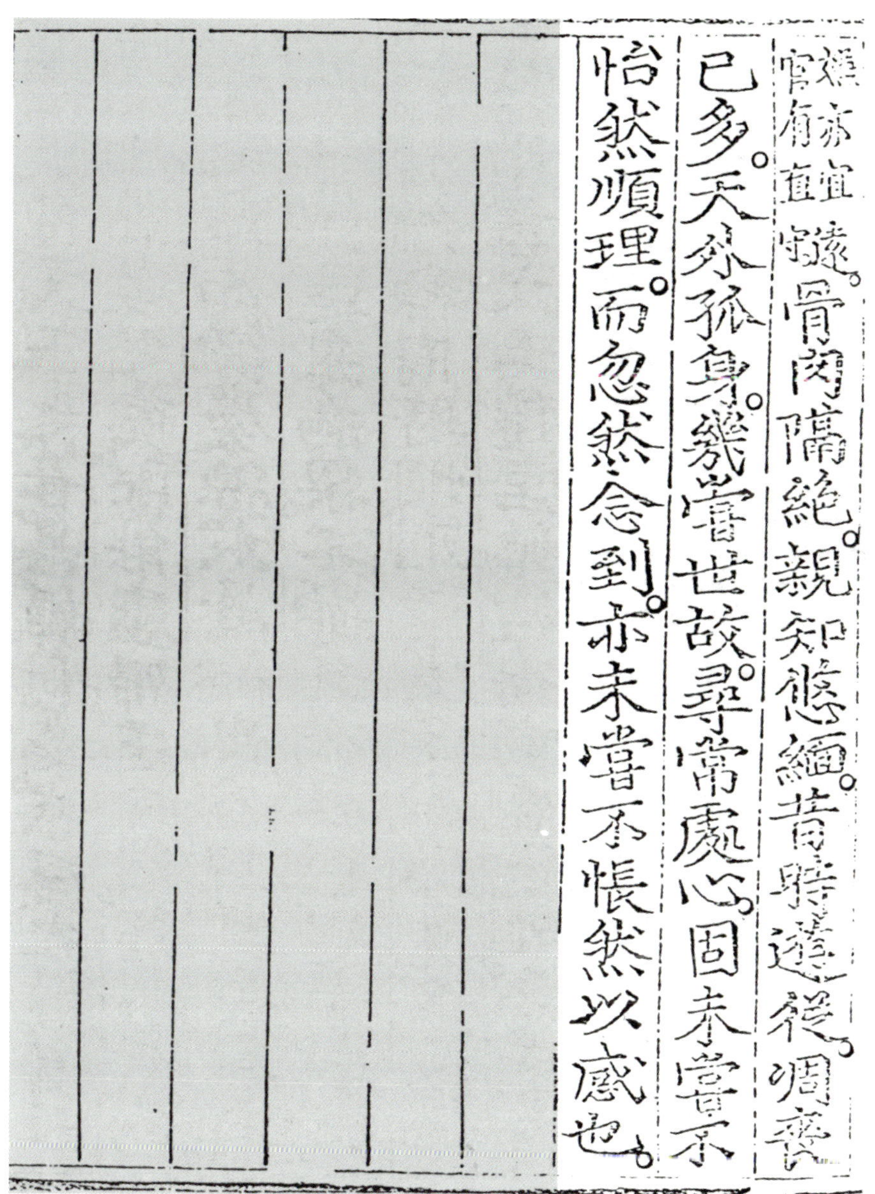

嫌亦宜遠官有直守。骨肉隔絶。親知悠緬。昔時遊從凋零已多。天外孤身。幾嘗世故。尋常處心。固未嘗不怡然順理。而忽然念到。亦未嘗不悵然以感也。

〈제주풍토록 - 17〉

綱得暇釣得。海有小魚數種。亦可坐岸而釣。如此
似差可而興味甚淺。不如淸江澗溪之樂。蓋坐
處無不可者故也。海釣則又風浪洶蕩絶。少安
帖之日。尤無淡雅之味。且所偕非土人。卽方生。
生名舜賢。判官之妻娚。學儒。於吾輩事。頗聞風持意足多。稍可談話。而染俗乏雅。於江湖無入處。然海外遇斷人。豈非幸甚歟。豈是叢吾興。旣無意中人可共。
如君所言略無心悰。且國法可畏。故其出甚稀。
一朔不過或一或二。或踰朔不出。梨亭亦不甚
數出。橘園尤稀往。踽踽獨步。秖增索寞耳 橘熟時則

〈제주풍토록 - 16〉

園橘柚兩植。園去亭可五六十許步。限以石墻。
然有小竹逕可遍。時得逍遙其下。玉葉金實。青
黃橘爛。辟旁之者嘿。君所謂長歌橘柚林。斯時也
得不悵然一延頸相憶耶。惡地斯亭。有必賴焉。
又吾居辛近泉。發源城南果園之東隅。源發卽
大。可如福泉洞水流出東城底。以資吾汲用。汲處僅四十步許
冷洌如氷。地本無氷。賴此泉纔煩。又州夏日。求肉于此。但下流污不
可美哉。汲先既多。不得入汚。勢至海口成潭。至此水清。又有清潭深處。
人不得行。可泛舟。中產銀唇最多。傍有蘆葦之屬。稍有江湖之幽趣。產銀口魚。或

〈제주풍토록 - 15〉

好状。雖栽植似亦無趣。且吾時日不能自保。無
久遠心。不暇以栽植爲意。今得君言。栽檜老蒼
之亭。能起吾趣。自明春欲列栽柑橘榧爲意。屋墻
外二十許步正北。有古梨樹一株。高丈餘。枝踈
葉薄。非好樹。暫治而亭之。環以苦竹。然地勢高
遠則北望滄海。(海去亭一里許) 楸子諸島。歷歷眼底。稍
遠則西望城中。村烟官柳及城南果園(在內城之南外城之內。前泉之源。乃官植橘柚之園。外城爲泉。重築里餘。使泉在城內。此園去吾亭半里。呼聲不遠)橘林。頗有景致。最近則俯臨金剛社果園。(亦官

〈제주풍토록 - 14〉

眞奇勝也。吾之所居。在州城東門外半里。金剛
社舊寺基。充四隣。地頗幽僻。立草屋數楹。制依
北土。頗明敞。內有小温房一。房外有末樓涼軒
間。半亦得陽得月。軒簷下有老柿樹一株。厚葉
成陰。常坐此軒。而此樹近可捫也。屋圍而石墻。
以醜石累積。高丈餘。上施鹿角。不墻去簷僅半
延高而圍狹。奉 國法也。然石墻高狹。土俗皆
然。以防旨風饕雪。況吾居既孤。寇盜亦可慮。使
吾自計。不得不爾。但稍寬則有矣。墻既礙眼無

〈제주풍토록 - 13〉

日實懸乘。黃濁可發。倭橘。實大次於唐柚而味又不及唐柚。斷為最下。凡此九種。枝葉大同小異。惟柚最多刺而實皮最香。惟柑葉最厚而實皮最香薄。意者此二品最下故也。餘品刺不甚柑亦然而葉踈狹。實皮嗅不甚香。而嚼甚香烈且辛。辛唐柚倭橘辣皮亦然食不堪而藥最效。意者品高故也。樹高不過丈餘而大者或如桂。喜叢生。幹枝亦大。多至數十。相糾如龍盤礴磊硯。奇古勁瘦。皮理。古者黃紫苔剝。新者青髮可愛。其葉四時長綠。此地無一可觀。維此樹株

〈제주풍토록 - 12〉

本無灰木鸚鵡螺椰子已上三物隨海。螺椰子。土人不知名。行賓陸上岸乃得。地人作行瓢酒器。謂之杏核加時栗赤栗二物。乃擬實之類。但不苦。可作粥。良馬等也。橘柚有九種。有金橘九月熟。最早者。乳

柑洞庭橘二品。十月晦時熟。三品相上下。而金乳實差大而濃甘。洞庭差小而味爽。然酸味稍勝。青橘一品秋冬則極酸不可食。經冬到二三月。酸甜適中。五六月。舊實爛黃。新實青嫩。同在一枝。實為奇絕。至此時味甘如寄和于醋。至七月則實中之核皆化為水而味仍甘。至八月九月至冬。實還青。核更成。味極酸。與新實無異。方其酸時。人賤之而不食。又上三品。方其時味佳絕。故品第如此。吾則謂此品乃第一品也。山橘實小子如柚而味甘

柑子柚子二品。人皆知之唐柚子實大如木瓜。可容一升餘而味及柚子。然

〈제주풍토록 - 11〉

充杯盤之用。吾始乾之。滋潤異常。今年則邑宰
及吾皆多取作乾矣。意欲雖少送去。令君知之
也。時李畢乾也。又有山果末應。멍實大如木瓜。
皮冊黑。剖之子如林下夫人而異。子差大。味差
濃。蓋林下夫人之種而大者耳。聞海南等邊海
處或有之。未知信否。此外則死珍異陸地諸果
如梨棗柿栗等雜種絶稀。間有而全惡。海松子
全無。松木亦甚稀。吾服松葉。僅取于遠地也。此
地可珍者。橘柚梔子榧子無患子山柚子二年

〈제주풍토록 - 10〉

勿論用燒酒。牛畜則多有。價不過三四丁。兩味不及陸地者。皆山野不食穀物故也。最可笑者。地環巨海而鹽不産。欲煮田鹽如西海則無鹽可耕以取汲。欲煮海鹽如東海則氷併。功百倍而所得絶少。必貿於珍島海南等處。故民間極貴。惟土産香蕈俗名蕈古最多。而五味子亦多。而實深黑而大如濃熟山葡萄。不可辨味又濃甘考本草。産朝鮮者良。又去味甘者爲上。吾知我國産者。實紫少味多酸。猶見重於本草。意此土産者。必高於天下无疑矣。前此人皆不知。但

〈제주풍토록 - 9〉

少。獸但獐鹿豬最多。猯吾兒里亦多而此外狐兔
无。麂等皆無。禽有雉烏鵲雀而无鸛鵲等。山菜
蕺고蕨最多而香蔬취朮人蔘當歸桔梗等皆
無。海菜但藿牛毛青角而此外海衣甘苔黃角
等皆無。陸魚但銀口種而已。海族有生鰒烏賊
玉頭刀魚古刀魚等數種。此外如絡蹄牡蠣蛤
蟹蝦青魚銀魚石首魚等諸賤種及雜種皆無
焉。沙器陶器鍮鐵皆不產。而稻絕少。士豪貿陸
遞而食。力不足者食田穀。所以淸酒絕貴。冬夏

〈제주풍토록 - 8〉

老人。老人星大如明星。在天南極之軸。不出地上。若現則仁壽之祥。唯登漢拏及中原南嶽則可見此星。指點月出元等諸山。可盪奇胸。如太白所云雲垂大鵬翮。波動巨鼇受者。唯此可以當之。惜吾羈囚。勢不能耳。然男兒落地。橫截巨溟。足踏此異區。見此異俗。亦世間奇壯事。蓋有欲來不得。欲止不免者。似亦宜數前定。何足與島漢拏及州邑地。泉井絶少。村民或汲水於五里則謂之近水。或有終日一汲二汲而多鹹泉。汲必以木桶負行。凡卜物多女負行取多汲也。土産尤絶

〈제주풍토록 - 7〉

曠而難遠望。以凹隆故也。雖有阜陵而雜乱難
辨。勢如網目。或如乱塚。雖多積石。就中最高者皆積石也
而不惟不雅不整。皆頑礦黑惡。見之可憎。雖或
有丘巒。而皆孤擲隆頹。孤而不聳隆而又頹。无迴擁之勢。
唯見巨岳窿然當中。礙眼而已。其視君言多骨
少肉。有皆骨之風者。大相遼絶。回思前昔所賦
土山如全義請州者。何可得耶。又山峯之頂。必
凹如鑵陷。成泥潦。峯峯皆然。故謂之頭無岳。此
尤可怖。然若登漢拏絶頂。四顧滄溟。俯觀南極

〈제주풍토록 - 6〉

知廉義爲何事。以强制弱。以暴劫仁。不下君示。以故官員貪如陸閑。不以爲怪。有廉義者豈民。懷其恵而此輩莫其迂。若不教以學文。以開其心。則永無移風之期。蓋其心深喻於利。不知其他。有云廉善則以爲不利而深厭之矣。若有高僧辨口。沭以天堂地獄。似亦不爲無助。而亡之僧徒。皆畜妻村居。頑如木石。若如巫覡者。嚇人餅酒。亦利之歸耳。三邑地皆漢拏山之麓。崎嶇磽确。平土無半畝。耕者如拖剔魚腹。地似平

〈제주풍토록 - 5〉

纔數四五者。到此驗之處語耳。但蛇多於陸土而已。意亦土人崇奉之過耳。土人語音。細高如針刺。且多不可曉。居之既久。自能通之。古云兒童解蠻語者此也。負而不戴。有臼無舂。擣衣無砧。(以手敲打)冶鑪無踏。(以手鼓槖)土人生員金良弼外。識文者絶少。人心鹵莽。自品官下至微者。皆交結朝貴。(無人無頓佛者)其豪右求為鎮撫。(土人自星主以來。流風已然。不足恠也。)次者旅帥。次者書員。(此以下非品官)持印貢生。(皆平民等鄕吏)日各以漁利為事。毫纖細故。皆有贈賂。不

〈제주풍토록 - 4〉

必土泥之如堗狀既乾寢處其上吾意地多風
濕嵐而蒸惡疾之類多緣此也酷崇祠鬼男巫甚
多嚇人災禍取財如土名日朔望七七日初七十七
二十七必殺牲為淫祠淫祠幾至三百餘所歲增
月加妖誕屢騰人疾病甚畏服藥謂為鬼怒至
死不悟俗甚忌蛇奉以為神見即呪酒不敢驅
殺吾則遠見必殺土人始而大駭久而慣見以
為彼異土人能如是耳終不悟蛇之當殺惑甚
可笑吾舊聞此地蛇甚繁天欲雨蛇頭駢出城

〈제주풍토록 - 3〉

可觀。氣候冬或溫夏或涼。變錯無恒。風氣似暄而着人甚尖利。衣食難節。故易於生疾。加以雲霧恒陰翳少開霽。盲風恠雨。發作無時。蒸濕沸鬱。又地多虫類。蠅蚊尤甚。與凡蜈蚣蟻蚓等諸雜蠢蠕之物。皆經冬不死。甚爲難堪。褪邊寒冽。必少此害也。人居皆茅茨。不編。鋪積屋上而以長木橫結壓之。瓦屋絕少。如兩縣官舍亦茅蓋也。村屋之制。深廣幽深。各棟 채 不相連屬。號品官人外無溫堗。堀地爲坎。塡之以石。其上

〈제주풍토록 - 2〉

而得吾心爲耳。吾固有所不得已於斯言。而於吾心。有憫然爲。高君根孫。信佛而心乎善者也。念先朝舊物巋然獨存者。唯都近川之水精寺。風撇雨淋。甍桷隳剝。惜其且遂圮而无餘存也。慨然奮思與同志者。仍其舊而重營之。庶幾其不墜。乃來求文於余甚勤。於是乎撰其答客之語。書以畀之。

濟州風土錄

此邑風土。別是一區。事事殊異。動可吁駭。一無

〈제주풍토록 - 1〉

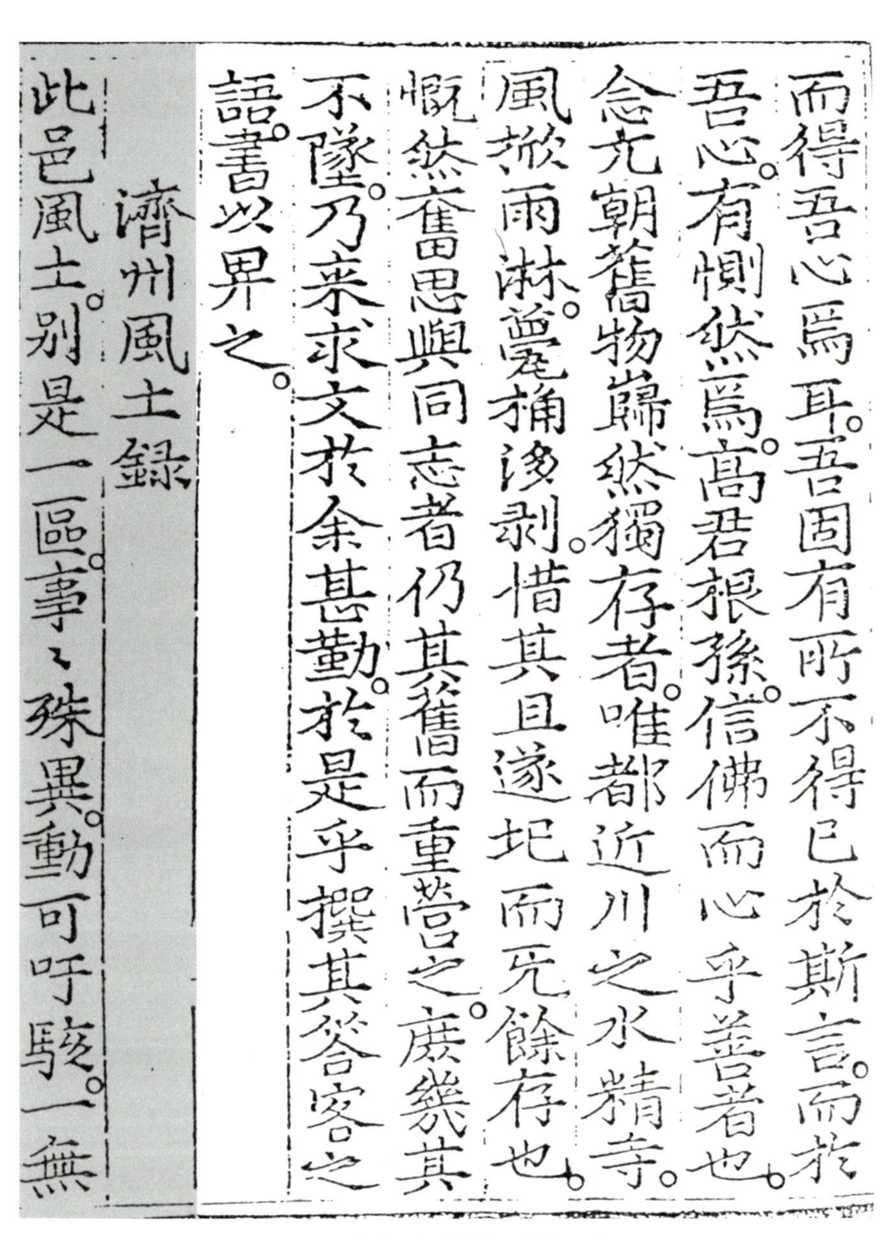

而得吾心焉耳。吾固有所不得已於斯言。而於
吾心。有惻然焉。高君根孫。信佛而心乎善者也。
念充朝舊物巋然獨存者。唯都近川之水精寺。
風撤雨淋。鼉摘後剝。惜其且遂圮而冗餘存也。
慨然奮思與同志者仍其舊而重營之。庶幾其
不墜。乃來求文於余甚勤。於是乎撰其答客之
語。書以畀之。

濟州風土錄

此邑風土。別是一區。事事殊異。動可吁駭。一無

〈도근천수정사중수권문 - 6〉

福迫已之言。猶或有時竦然動乎中而聽嚮焉。其下者猶怯乎罪福而不敢肆焉。由是而漸之乎善而除乎惡。其不愈也耶。玆固納約自牖之道也歟。彼佛氏者。生於西蕃獷悍之區。雖使畢世談仁義道德。未必有一二化也。唯其廣張罪福而覺誘之。彼其垂首受教。不關然屬刁以相視者亦華矣。此亦其設教之權也。彼爲教雖誕謾憿慌。其還使人去惡從善。復其良心則一也。不知者。固且以是而病吾。後有知者。必且因是

〈도근천수정사중수권문 - 5〉

揚孔子之道以牖乎遠俗而顧且屢屢爲資誕
謾異教以爲說豈亦信道不篤也歟且將陷溺
人心靡靡不可止子爲所遣其僭余曰然子固
以是而病我乎夫无所爲而爲善雖學者猶病
之彼民俗之所喻者利害也得喪也所喜而惡者
福與禍也彼但知利之利不知仁義之利利彼
且恣睢奮發唯斷利乎己而不暇顧夫病乎物
如是焉而驟而告夫仁義彼寧知仁義爲何物
提耳而諄誨之耳受而腹折悾悾然矣然然而罪

〈도근천수정사중수권문 - 4〉

是而崇其棟宇。嚴其像設。俾得有歸依。其病厄
得喪祈求。有所憑恃。作善躍然有所欣。造惡瞿
然有所忌。夫然則妖謠之詞無益之說可以少
弛也。由是而良心介然。孝弟油然日遷善遠罪。
沛然流入於仁義之途。以服上之教化。則其於
理化。豈少裨乎哉。由是而人化既融。天和幸應。
災沴癘疫消息。夫然則雖持卷而普勸之。從而
鼓舞之。縱臾之。起發其信心。共結良緣。捐財併
力。更新舊刹。未為過也已。或曰。子儒者。不務斅

〈도근천수정사중수권문 - 3〉

甿俗村鄙而癡野而好敎凡有所求祈禳病厄
得喪福禍一聽於神乃奉貍鼠蛇兒以爲神叢
祠相望鉦鼓相聞有名曰朔望七〻之祠祠(一依)
祀必殺牲牢(齋)酒食以爲饗以是祠益謹而畜
益耗業益損以至災沴妖訛饑饉癘疫盜賊繁
興而益虔不怠雖揭之以仁義敺之以刑威而
不能已也求其所以化之〻方唯佛爲最近佛
之爲教主慈而禁殺有緣業福罪之權空寂出
離之妙得動大勝之機俗易怵而人易趍也由

〈도근천수정사중수권문 - 2〉

悄忽不知悛悔。乃人人有以知先生之所處絶

出尋常萬萬。此臣之所以豁然不復有憾者也。

夫不遠而復。大聖之所與。知過自新。君子之所

不棄。請得略其前事之失。許洗滌澡雪其心。委

其全身以奉事先生。斷頭麋骨。唯先生之用。不

敢自惜。伏希大人之亮之也。敬以書謁之。願再拜。

都近川水精寺重修勸文 正德辛巳正月既望。洪裕孫。先亦有此文。

維耽羅國。於海島。舟道迴遠。有風濤寇剽之虞。

土之人士卒憚於遊學北方。聞道者蓋鮮。以故

〈도근천수정사중수권문 - 1〉

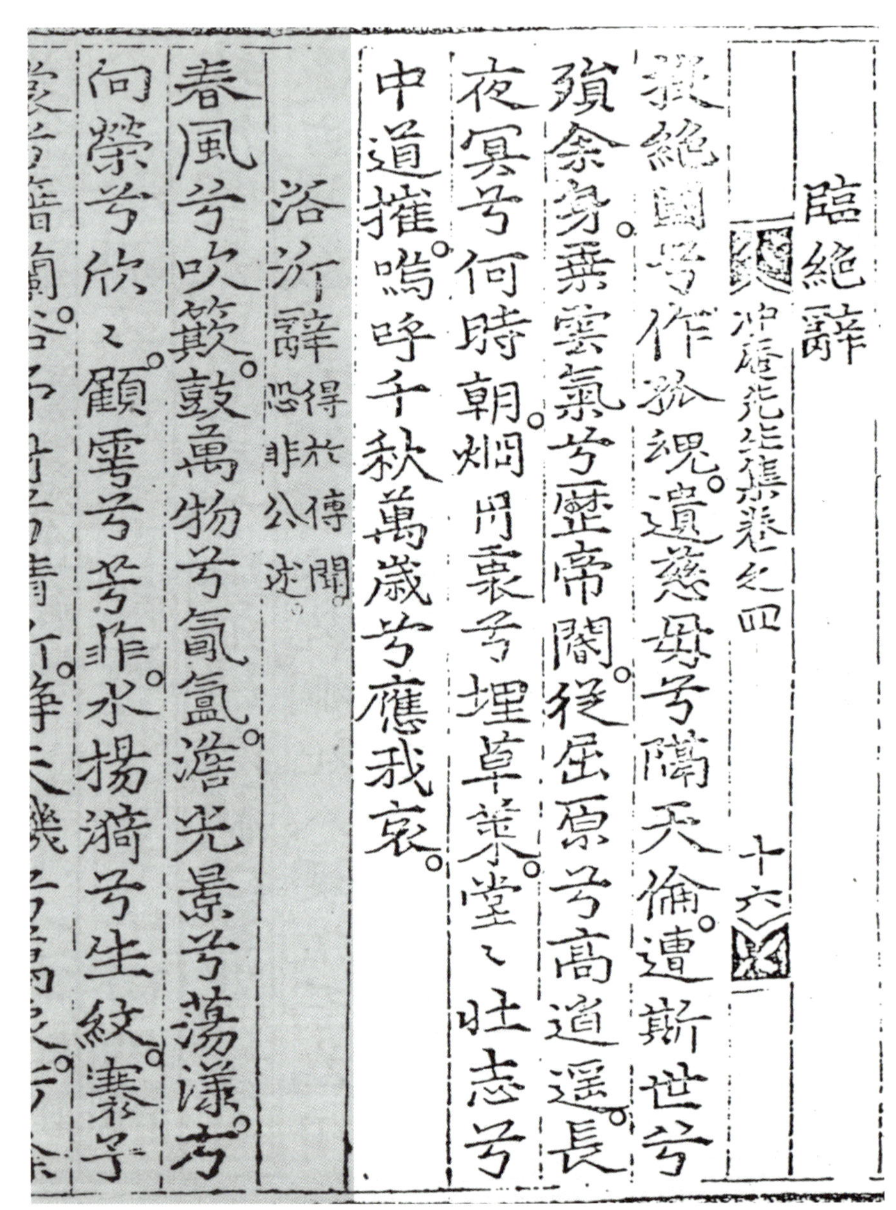

臨絕辭

圃隱先生集卷之四　十六

嗟絕國兮作孤魂。遺慈母兮隔天倫。遭斯世兮殞余身。乘雲氣兮歷帝閽。從屈原兮高道遙。長夜冥兮何時朝。炯丹衷兮埋草萊。堂堂壯志兮中道摧。嗚呼千秋萬歲兮應我哀。

洛浙辭 得於傳聞 恐非公述。

春風兮吹歘。鼓萬物兮氤氳。潛光景兮蕩漾兮向榮兮欣欣。顧雩兮兮非水。揚漪兮生紋。褰予

〈임절사〉

無人。

聞見錄

次清風亭韻

天池弱水隔神丘。渺〻雲烟望未收。上國帆檣風萬里。海山笙鶴月千秋。荒村卉服蘿夷面。瀨戶盤琛貢玉頭。正是南溟鯨浪息。遠辭弧矢志初酬。

一髮耽羅望漸開。長風送我日邊來。南中風味如相問。橘柚清香入酒杯。

〈제로방송3수 - 2〉

文章當世定無前。談貴還遂著不下賢。蟲盤九才名
知可鎮。會須謝也并觀天。(此詩上有中命仁詩以借寄之可鎭崔壽 此絶句)

題路傍松三首

枝條摧落葉鬆鬆。打斧餘身(一本作形)欲卧沙。望斷
(一本作絶)棟樑人世用。(一本作嗟巳矣)査牙堪作海仙槎。
海風吹去(一本作過)悲聲遠。山月高來瘦影疎。賴有
直根泉下到。雪霜標格未全除。
欲(一本作為)庇炎程(一本作天)暍(一本作渴)死民。遠辭巖壑屈
長身。斤(一本作林)斧日尋商火煮。知公(一本作功)如政亦

〈제로방송3수 - 1〉

騰虬蹹鱓多嫪婷。天吳九首行跉踹。幽沉水府囚百靈。邪鱗頳甲毒風腥。太陰之窟玄機停。仇池禹穴傳神蹟。惜許絕境訛圖經。蘭橈挐入攪神形。鐵笛吹裂老㤝聽。水咽一作沸 一作湧雲暝懵愁人歸。來悅兮夢未醒。嗟我只道隔門限。安得列叟乘風泠。

題僧軸 僧名月渚。自京山渡海索詩去

杖錫秋風渡海洋。黃柑白酒沃枯腸。孤生殘命誰相問。此別還添兩鬢霜。

〈우도가 - 2〉

聞方生談牛島歌以寫奇興

瀛洲東頭鰲抃傾千年洞影涵重溟群仙上訴
攝五精屭贔一夜轟雷霆雲開霧廓忽湧出瑞
山新畫飛玉庭溟濤崩洶噬山腹谽谺一作硆閜洞
天深雲窩稜層鏤辟錦纈殿扶桑日照光晶熒
繁珠裂露濺輕濕壺中瑤碧躔一作森列星瓊宮
淵底不可見有時隱々窺窓櫺軒轅奏樂馮夷
舞玉簫窮窱來青冥宛虹飲海垂長尾公鬛鵬鬣
鶴飄翅翎曉珠明定塵區黑燭龍爛燁雙眼青

〈우도가 - 1〉

김정의 『충암선생집』 원문(발췌)

● 본 『충암선생집』은 1636년 금산에서 목판으로 간행한 중간본으로서 현재 서울대학교 규장각장본이다. 원집 5권, 연보 2권을 한데 묶어 도합 7책으로 엮어졌다.

● 본서에서 영인 원본을 인용한 충암 선생의 글은 모두 다섯 편으로서, 이 가운데 「우도가」·「제로방송삼수」는 원집 제3편에서, 「임절사」·「도근천수정사중수권문」·「제주풍토록」은 원집 제4권에 실린 내용을 발췌해 함께 엮었다.

원문 인용목록

1 聞方生談牛島歌以寄興 (문방생담우도가이기흥)

2 題路傍松三首(제로방송3수)

3 臨絶辭(임절사)

4 都近川水精寺重修勸文(도근천수정사중수권문)

5 濟州風土錄(제주풍토록)